ENCONTRÁNDOTE
(AUTOGUARDADO)

ENCONTRÁNDOTE
(AUTOGUARDADO)

SAMANTHA PICHARDO

Copyright © 2020 by Samantha Pichardo.

ISBN:	Hardcover	978-1-7960-8635-5
	Softcover	978-1-7960-8636-2
	eBook	978-1-7960-8648-5

All rights reserved. No part of this book may be reproduced or transmitted in any form or by any means, electronic or mechanical, including photocopying, recording, or by any information storage and retrieval system, without permission in writing from the copyright owner.

Any people depicted in stock imagery provided by Getty Images are models, and such images are being used for illustrative purposes only. Certain stock imagery © Getty Images.

Print information available on the last page.

Rev. date: 01/31/2020

To order additional copies of this book, contact:
Xlibris
1-888-795-4274
www.Xlibris.com
Orders@Xlibris.com
808452

CONTENTS

¿Cuál es el propósito? 1
Las voces 2
Vuela pero vuelve.. 3
¿Qué hacer cuando encuentras a tu alma gemela y no es
el momento?.. 5
¿Qué puedes aportar?... 6
Si vas a creer en alguien, que sea en TI 7
Por los que ya no están, por los que están y por los que
apenas vienen 9
Personas mágicas 10
Escucha.. 11
La simpleza de vivir 12
Para ti que piensas que no perteneces 13
Ansiedad 17
Souvenirs 20
Hasta que el destino decida juntarnos otra vez 22
Historias escondidas pero no olvidadas. 23
Tu que no lo vez 25
Más que una esperanza.. 26
Hasta que logres.. 27
El trayecto 28
Antes de que expire la oferta 30
Si estas tratando de elegir.. 31
Cuando alguien no te busque 32
La dosis 33
Suma y multiplica.. 34
¿Hasta dónde?... 35
Aun puedes estar aquí 36
Etiquetas 37
Fluye 38
Perfecta intimidad 39
Pies... 40
Perfecta Unidad... 42
Mar eres tú... 43

Presente 44
A fondo 45
Disolviéndote entre la luz 46
Las lecciones de tus ojos 47
El viaje de la vida 48
Sirena 50
Cayendo 52
Danza Cósmica 54
Miedo 55
Para ti con amor 57
¿Qué Ganas? 58
Para ellas y por ellas 59
Da sin esperar 61
Aunque ya no este, tú vive 62
Inmóvil 64
En busca de nada, todo 65
Fugaz 66
Donde todo empezó 67
Otro Lugar 68
Armonía universal 70
Coctel químico 71
¡Hazlo! 72
Vacío 74
Poderosas 75
Adiós 76
No es lo que parece 77
No dejes de moverte 79
¿Quién eres? 80
Tiempos duros 83
Todo o nada 85
Al borde del colapso 87
¿Cuál es el precio de tu libertad? 89
Bendita Maldad 90
Cuando te descubras 91
Asesinato 93
Al desnudo 94
Te quiero 95
El murmullo 97

Metamorfosis	99
Prevención	100
Cambios	101
Darse prisa	102
El capullo	103
Profundidades	104
Tú lo tienes todo	106
Estamos perdidos	108
Cuando se alejen de ti	109
Lo que mereces	110
Nos detectan una enfermedad; querer vivir en libertad.	111
¿Porque creas?	112
Somos sinfonías perdidas	113
Quiero ir a casa	114
Lo que aprendí	115
Hasta recuperar la confianza	116
Encuéntrate;	117
¿Qué sucede?	119
¿Y si el tren no vuelve?	120
Los héroes que nadie ve	121
Tus deseos deben ser respetados	124
Para volver amar	125
Tú y yo	126
Para ti; mi corazón	127
Por la Tierra	129
Han cambiado los papeles.	132
El dilema	133
De repente	134
Sigue remando, que estaré bien.	135
¿Qué no lo ves?	137
En tu nombre, rezo.	138
¿Para qué estamos aquí?	140
¿Que es el amor?	141
Lo que puedes ser	142
Infinito	143
Amar en libertad	144
Lo que sucede	146
Tú eliges	147

¿Cómo manifestar? 148
La única manera de salir es entrar 149
¿Realmente vale la pena? 151
Todo estará bien, enserió 152
Silencio 153
Vivir al día 154
Encontrándote (me) 156

FINDING YOU (ME)

What is the purpose? 167
The voices inside 168
Fly but come back 170
What to do when you find your soulmate and it's not the right time? 172
What can you contribute? 174
If you are going to believe in someone make sure that is in; you 175
For those who are no longer, for those who are and for those who are just coming 177
Magical people 178
Listen 179
The simplicity of living 180
For you that thinks you don't belong 181
Anxiety 185
Full of souvenirs 188
Until fate decides to join us again 190
Stories hidden but not forgotten 192
You don't see it 194
More than a hope 195
Until you achieve it 196
The Journey 197
Before the offer expires 199
If you're trying to choose 200
When someone doesn't look for you 201
The dose 202
Add and multiply 203

Until where?	204
You can still be here	205
Labels	206
Flow	207
Perfect unity	208
Feet	209
Perfect unity	211
Sea is you	212
Present	213
Thoroughly	214
Dissolving in the light	215
The lessons of your eyes	216
The journey of life	217
Siren	219
Falling	221
Cosmic Dance	223
Fear	224
For you with love	226
What do you win?	227
For them	228
Give without waiting	230
Although he/she is no longer here, you live	231
Still	232
In search of nothing, everything	233
Sonic	234
Floating on a dream	235
Another place	236
Universal Harmony	238
Chemical cocktail	239
Do it!	240
Void	242
Powerful	243
Goodbye	244
It's not what it seems	245
Don't stop moving	247
Who are you?	248
Hard times	251
All or nothing	253

On the verge of collapsing	255
What is the price of your freedom?	257
Blessed evil	258
When you discover	259
Murder	261
Naked	262
I love you	263
The murmur	265
Metamorphosis	267
Prevention	268
Changes	269
Hurry up	270
The cocoon	271
Depths	272
You have it all	274
We are lost	276
When they walk away from you	277
What you deserve	278
They detect a disease; wanting to live in freedom	279
Why do you create?	280
We are lost symphonies	281
I want to go home	282
What I learned	283
Until regaining confidence	284
Find yourself;	285
What's going on?	287
What if the train does not return?	288
The heroes that nobody sees	289
Beautiful flower	290
Your wishes must be respected	292
To love again	293
You and I	294
Here; My heart	295
For Earth	297
The roles have changed	299
The dilemma	300
Suddenly	301
Keep rowing, I'll be fine	302

What don't you see?	303
In your name, I pray.	304
What are we here for?	305
What is love?	306
What you can be	307
Infinite	308
Love in freedom	309
What happens?	311
You choose	312
How to manifest?	313
The only way out is to enter	314
Really worth it?	316
Everything will be fine, really	317
Silence	318
Live for today	319
Finding you (me)	321

De nada, todo.

No busques.

Deja que la vida se desenvuelva ante ti...

*A todos los que están perdidos.
A los que no saben lo que quieren.
A los que se sienten solos.
A los que se dan sin esperar nada.
A los que intentan sanar sus traumas.
A los que se rompen hasta encontrarse.*

Todos tenemos esa personita a la cual deseamos curar para que dejen de sufrir pero solo podemos enseñarles el camino. Estar ahí para ellos; escuchando, apapachando y nunca juzgando. Pedir ayuda es complicado por miedo, orgullo, vergüenza o por otras razones, pero vale la pena salir de la oscuridad de vez en cuando. Así que, ¿qué harás tú para contribuir? darse amor, ser pacientes, disfrutar y aprender en el proceso. Estamos aquí, y el tiempo es AHORA.

¿Cuál es el propósito?

Con este libro yo quiero enseñar mi perspectiva del amor, de ser más precavidos a los problemas mentales. De adentrarnos con nuestro ser interno. Se trata de que encendamos la luz que tenemos. Esa llama que se ha ido apagando con el tiempo. Por falta de atención a nuestro ser. De poder encontrar el camino de regreso a casa.

Constantemente habrá lecciones que tenemos que aprender. También siempre habrá un obstáculo más alto que tendremos que sobrepasar. Tenemos que aceptar que nos vamos a caer y que debemos buscar la fuerza hasta donde no la hay para levantarnos una y otra y otra vez. Tenemos que ser pacientes y querernos para así poder romper el ciclo entre los problemas que cargamos.
Todo reside desde adentro; el miedo, la inseguridad, la ansiedad, la paranoia, el coraje, la fuerza...

Mi meta es qué las personas nutran, cuiden y se reconecten con ellos mismos. Que puedan identificar sus debilidades y sus fortalezas. Que encuentren equilibrio, que se transformen y que aprendan a soltar. El objetivo de todo esto es ofrecer algo práctico que os pueda ayudar en su día a día y que os abrase.

Espero ojala os cambie vuestra perspectiva y que podáis analizar mejor diferentes situaciones que se os presenten. Ojala os podáis hacer más conscientes de lo mucho que nos dejamos de cuidar y que os volváis a nutrir para florecer relucientemente. Que digieran y que puedan descarnar de mejor manera lo que os rodea y lo que tenemos internamente.

Solo así os podréis tener una transformación amigable y pasiva sin castigarnos tanto.
Os quiero.

Las voces

No te confundas con las voces que escuchas que no son las mismas.
Existe una diferencia.
La voz interior te traerá paz, confianza, amor y libertad.
Mientras la voz del ego te traerá miedo, juicio, conflicto y desconfianza en ti y en los demás.

Vivimos la mayor parte en la mente así que hagamos un buen hogar.
La violencia hay que dejarla afuera.
Nuestra mente no merece más guerra.
Si quieres gritar, grita.
No lo guardes que todo se va acumulando.
Que después sentirás como si te estuvieras ahogando.

No mereces sufrir y mucho menos cargar penas que no son tuyas.
Cuando te aprendes a sanar o amenos cuando intentas hacerlo, también sanas a otros.
Tú eres el que puede cortar el lazo que os conecta con problemas de la infancia.
No hay que convertirnos en todo eso que alguna vez nos hizo daño.

Lo que está en el pasado que ahí se quede.
Aprendamos a soltar y a seguir sin tanto en los bolsillos.
No se necesita mucho para quererse.
Cuando os queremos la luz interior vuelve a relucir y alumbramos la vida de otros que se encuentran en la oscuridad.

Cuando seguimos adelante motivamos a otros a discernir entro las voces que escuchan.
Seamos pacientes y ofrezcamos ayuda cuando podamos.
Así como un día deseamos ser sanados, hay que ayudar a sanar.
Ofreciendo a otros las herramientas para que se vuelvan a levantar.
Para que sanen y las heridas no vuelvan a sangrar.

Vuela pero vuelve

¿Por qué cuando queremos a alguien y entregamos vuestro amor las personas se alejan?
¿Nunca te ha pasado, que sientes que aunque entregues todo de ti no es suficiente?

Cuando vayas a querer, elige a la persona que quiera evolucionar contigo.
Que quiera sanar sus heridas y no irlas acumulando.
Alguien que desee aprender más, que quiera expandir su mente y abrir su corazón.

Cuando estés buscando a quien elegir, elige a una persona que esté dispuesta amar.
Que ame honestamente, con respeto y con honor.
Que te mire como alguien que complementa.
Que se canalice con tu ser interno.
Elige a alguien con bondad y que esparza cantidades de armonía con los seres vivos y no vivos.
Alguien que se conecte con la tierra, con vuestros antepasados y con su espíritu.

Quiero que elijas a alguien que entienda que el sentimiento de poder expresar amor es algo sagrado.
Que los cuerpos no tienen que tocarse para que las almas se conecten.
Que puedan compartir su energía como acto divino.

Elige a alguien que te pueda encender no que intente apagarte ni que te esconda bajo sus sombras.
Elige alguien que quiera crecer, que quiera crear y manifestar a tu lado.
Elige a alguien que te acompañe pero no te amarre.
Elige aquel que ame en libertad.
Que pueda irse a donde desee pero que siempre regrese porque contigo se siente seguro.

Ahí es.
Esa persona es.

Pero elígete tú antes de que elijas a cualquiera.
Deja de buscar desesperadamente.
Que cuando te elijas, la persona especial te encontrara sin que la busques.

¿Qué hacer cuando encuentras a tu alma gemela y no es el momento?

Cuando estés buscando amor es importante trabajar en ti mismo. ¿Por qué?

Cuando tú no estás sano o estés listo para a hacer las paces con tus conflictos, esa persona talvez se aleje.

Esa persona quizá este en otra frecuencia más alta que la tuya.

Recuerda que atraemos lo que damos.

Si estamos inseguros, con miedo y rotos pues la mayor parte del tiempo atraemos alguien que proyecta las inseguridades que sentimos.

Si quieres que el sentimiento sea reciproco entonces tú tienes que trabajar en ti mismo.

Necesitas empezar a desarrollarte para que así puedas ascender a una energía más alta, con más abundancia para poder atraer personas mejores a tu vida.

Cuando tu aprendas a ser más maduro espiritualmente y decidas conectar en un nivel más alto con tu ser interno entonces el destino te pondrá con esa alma bonita de nuevo.

Esa persona sabrá que estas tratando de llegar a esa alta frecuencia en la que él/ella esta.

Cuídate a ti mismo primero y recuerda siempre y sinceramente estar vibrando alto.

Trabaja con tu ego, siempre intentando llegar a tu ser más divino; deja ir, deja ir de todo aquello que no tiene control.

El universo te va a recompensar cuando decidas dejar de apretar de la idea de necesitar algo o de alguien.

Deja ir de tu ego y esparce buenos pensamientos.

Si no seguirás repitiendo el ciclo hasta que no te aprendas a querer.

Sigue la esencia de tu corazón, nunca dejando de desarrollarte.

Hazlo, ya que nadie lo puede hacer por ti y solo así tal vez algún día será el momento.

¿Qué puedes aportar?

No sé necesitan palabras agrandadas para poder mandar un mensaje.
Ni tampoco tener muchas cosas para tener algo que ofrecer.

No sé necesita abrir los ojos para poder leer porque con el tacto el mundo podemos conocer.
Cada caricia de cuerpo, tierra, y mar nos pueden llevar hasta el infinito y más allá.

No sé necesita estar dormido para poder soñar.
Ni tampoco sé necesita mucho para poder amar y perdonar.

No sé necesita mucho para poder reír.
Ni tampoco mucho para poder vivir.

Se necesita mucho para poder odiar porque es agotador y aburrido tu energía desgastar.
Se necesita mucho para poder mentir porque poco a poco te vas destruyendo a ti.

Se necesita mucho para romper un corazón.
Porque lastimar a alguien si no te lo han hecho, prepárate, que es una de las batallas más grandes que enfrentamos.

Se necesita mucho para compararnos con alguien más porque todos tenemos tanto talento y simplemente no lo vemos y nosotros mismos nos paramos de nuestros sueños alcanzar.

No sé necesita mucho para vivir en el momento.
Porqué el mañana se puede ir con el viento y este ser nuestro último aliento.

No sé necesitan ganas para poder seguir pero si un motivo, ¿cuál es el tuyo?
El que sea que elijas pero me alegro que estés aquí.

Si vas a creer en alguien, que sea en TI

Existen personas con las cuales aprendes el poder de un abrazo.
Que las caricias tienen un efecto tan fuerte como las drogas y te pierdes en la melodía de una risa.
Dónde sientes un roce como una costura en tus heridas sin sanar.

Existen personas que con un beso son capaz de dispararte hacia la luna.
Acalambrando cada parte de ti.

Personas que son refugio cuando todo sale mal y en las que quieres quedarte resguardado.

Personas que a pesar de no ser perfectos y que tú tampoco lo seas te miran.
Y cuando digo te miran, ¡te miran!
Por más de lo que vez tú.

Que observan cómo se retuerce tu cuerpo cuando estás incómodo.
Que observan tu cara de disgusto cuando te miras al espejo y aun así te dicen:
¡Eres Hermosa! ¡Estás precioso! "

Que saben que si te muerdes el labio no es porque quieres ser coqueta(o) sino porque tienes nervios de que todo salga mal.

Personas que se van y dejan huella y hueco.
Y otras que aunque se vayan las sientes a tu lado.

Existen muchas personas unas las eliges y otras simplemente se van apareciendo como si no hubiera otra opción.

Hay personas que vienen como ángeles de la guardia iluminando tú camino.
Otras que son el mal disfrazado de azúcar.
Pero no caigas, que no todo lo que brilla es oro.

Aprende la lección que cada una viene a entregarte a tu vida.
Deja ir cuando sientas que estás apretando la soga a la fuerza.
Porque cada quien es libre.

Sé que duele.
Tener a alguien y que en segundos pueda escabullirse de tus dedos.
Pero más duele perderte a ti mismo en el proceso.

Atesora cada momento, cada risa, caricia y llanto.
Que la vida es una caja de sorpresas y cada noche es como morir para volver a renacer en cada amanecer.

Quizá mañana haya alguien de quién te enamores, alguien que te haga creer que mereces seguir aquí.
De pie.
Caminando aunque vayas llorando, pero creyendo.
Creyendo que el mundo quizá si pueda cambiar.

Quizá esa persona sea quién menos esperes.
Quizá siempre estuvo contigo y no te diste cuenta.
Quizá un día experimentes lo que es creer en alguien.
Quizá un día dejes de buscar afuera y veas que esa persona está en ti.
Cree en ti.

Por los que ya no están, por los que están y por los que apenas vienen

Cuando alguien "muere" es muy complicado para el ser humano entenderlo. Pues siempre pensamos que nuestros padres, familiares, amigos y las personas que queremos serán eternos. Pero conforme pasa el tiempo nos damos cuenta que hay cosas que siempre os van a recordar a esas personas que ya no están aquí físicamente. Y en cierta manera son siempre eternos en la esencia universal. Uno nunca se acostumbra a la "muerte", pues dejaríamos de ser humanos si lo hiciéramos. El camino a la sanación es arduo. Porque para sanar tienes que aprender a soltar. Por mucho que duela tienes que dejar de aferrarte a cosas, situaciones y personas que ya no están. Nuestro error más grande es pensar que el mundo está en contra de vosotros, cuan en realidad somos vosotros los que estamos en contra de él. En contra de cómo pasan las cosas y vosotros no podemos cambiarlas. Pero poco a poco aprenderemos que tenemos que fluir y estar aquí en el ahora, en este instante irrepetible. Porque a pesar de que podemos llegar a perderlo todo, nuestro corazón sigue latiendo. Yo sé que para muchos de vosotros hay días arduos. Pero recordaos siempre que no estáis solo si se ponen a pensar cuantos otros seres están sintiendo lo mismo.

Hay que reflexionar, perdonar no solo lo que os ha pasado sino también a vosotros o lo que creemos que habremos hecho. No importa lo lejos que hemos llegado, porque lo que importa es estar presente y lo que dejamos impregnados en las personas y seres.

Personas mágicas

Existen personas que te sacan el lado músico de ti.

Las personas que te enseñan la orchestra que tu cuerpo es capaz de producir.

Las personas que con solo pensarlas te ponen a temblar.

Las personas que al verlas elevan tu palpitar.

Existen personas que te hacen reír.

Que son capaces de hacerte sentir, que tu caja torácica está a punto de estallar.

Personas que te enseñan la luz en ti y lo mucho que eres capaz de alumbrar.

Existen personas que creen tanto en ti.

Que empiezas a creer en milagros, en lo mágico.

En ti.

Existen personas que sin estar a tu lado, te ayudan a crecer.

Que con sus buenos deseos, sus apariciones repentinas te ayudan a florecer.

Existen muchas personas allá afuera.

Existen tantas que me cansaría de contar.

Pero no he conocido nadie como tú.

Porque cada quien es único y tiene su propia luz.

Y no sabes lo feliz que me siento, porque de todas las personas, el universo os dejó conocernos.

Aunque no fuimos, somos y seremos.

Fluimos, coexistimos, aprendemos y evolucionaremos.

Escucha

Observa en lugar de hablar.
Escuchando; silenciosamente.
No tomes parte en esta agitación mental.
No juzgues.
Observando, un paso hacia atrás si tienes que hacerlo.
Los mensajes y las señales están presentes.
Escucha.

La simpleza de vivir

Nadie puede quitarte los malos hábitos, está en ti dejarlos ir.

Nadie puede hacerte sentir completo, está en ti encontrar tu valor.

Este cuerpo solo es temporal y no necesitas de nadie para seguir adelante.

Nadie puede otorgarte paciencia, esa no la adquieres como un regalo, es aprendida.

Nadie puede darte la felicidad, la vida te regala bendiciones y la felicidad la creas tú a través de tu percepción.

Nadie puede hacer que vivas sin dolor, pues el dolor es esencial si quieres llegar a interactuar y entender de forma más humana a los demás.

Nadie puede hacerte que crezcas, las personas solo influyen para hacerte más fructífero.

Las personas plantan semillas

Pero cada quien crece solo y a su paso.

Nadie puede darte todas las cosas en bandeja de plata para que las disfrutes, tú tienes ya vida y disfrutar todo lo que está en ella es decisión propia.

Nadie puede darte todo el amor, pero los demás si te pueden enseñar amar.

Cada persona es una lección, y tú decides la enseñanza que emiten.

Nadie más que Tú decide cómo interpretar los mensajes.

Ama incondicionalmente y déjate llevar por la simpleza.

La simpleza de vivir.

Para ti que piensas que no perteneces

Sé que sientes que nadie está escuchando.
Como si todos estuvieran demasiado sordos.
Demasiado ocupados.
Que todos son demasiado y que tú eres tan pequeño.
Sé que te sientes tan vacío.
Como si hubiera un hueco dentro que simplemente no se llena.
Que estar rodeado de cien personas no es suficiente.
Te sientes tan solo y solo necesitas un abrazo sincero.
He notado en tus ojos, tu dolor.
Y duele.
Me duele verte de esta manera y sé que incluso si te digo que todo estará bien, no lo estará.
Sé que no puedo borrar el dolor que sientes por dentro.
Pero toma mi mano y juntos encontraremos la manera de seguir adelante en la vida.
Porque tu vida es tan preciosa e incluso si no te sientes visto.
Te veo y admiro la fuerza que llevas dentro.
Me gustaría que supieras que también he estado decaído.
Que me perdí en el camino.
Que también hice cosas para aliviar el dolor.
Sin embargo, debes darte cuenta de que tus demonios son parte de ti, pero no son tú.
Que la gente no podrá ayudarte hasta que los dejes pasar.
Desearía poder mostrarte que estoy escuchando.
Que escucho tus gritos incluso sin que estés hablando.
Desearía que la gente extendiera su mano cuando alguien está a punto de saltar.
En lugar de reírse, decirle a almas como la tuya que no valen más.

Te escribo con la esperanza de que cuando leas cada palabra sientas que no estás solo.

Que cada letra es como una puntada en tu alma.

Como medicina para que sigas viviendo.

Espero que mis palabras lleguen a todos a tiempo.

Aquellos que están deprimidos, rotos y no pueden encontrar algo que os haga querer seguir existiendo...

Puedes tener esperanza en algo o alguien y no creer en Dios.

Porque creer es una de las cualidades más preciosas que tenemos.

Creer como yo creo en ti.

Deseo que te rieguen todos los días.

Que por alguna razón sientas los rayos del sol en tus venas.

Mis disculpas si no puedo salvarte.

Donde sea que estés, solo saber que siempre rezo por ti.

Espero que tu alma encuentre la paz que necesita.

Que no sufras más dolor.

Que elijas quedarte aunque sea por un solo día más.

Sé que sientes que todavía no lo entiendo, pero si tomas mi mano puedo mostrarte por lo que yo pase.

No soy igual a todos los demás que pretendieron que querían salvarte.

No quiero salvarte si quieres irte.

Pero quiero mostrarte que hay otra forma solo tienes que creer.

Creer en ti mismo, que puedes y volverás a levantarte.

Porque lo vales y debes dejar de golpearte.

Esa violencia que te enseñaron cuando estabas creciendo no es más que motivación para que sigas fluyendo.

El hecho de que no hayas sido amado antes no significa que no puedas amarte a ti mismo o que no serás amado.

Tienes el poder y aún no lo has notado.

Abre tu corazón a esta vida y ríndete.

Abre tu mente y escucha tu voz interior para que puedas recordar.

Recuerda quién eres y, si no te gusta, cambia.

Pero no te vayas todavía.

Tú vales mucho sin importar lo que digan.

Florecerás tan hermoso a tu propio ritmo.

Así que sé amable contigo y sigue adelante porque esta no es una carrera.

Puedes ser el último en llegar al destino.

Lo que importa es que incluso después de querer morir, aún lo lograste.

Al menos lo intentaste.

-Cuando la gente salga de tu camino y quieran regresar diciendo que te extrañan, asegúrate siempre de no solo te estén buscando porque se sienten solos.

Que aquellos que no estén a gusto con su soledad y su propio ser, siempre irán buscando donde pertenecer y serán dependientes de los demás para sentirse plenos.

Ansiedad

De nuevo me visitas como si no tuvieras algo mejor que hacer.

Llegas cuando no te necesito, cuando intento crecer.

Tomo el micrófono entre mis manos y llegas y lo peor es que no te vas.

Te digo que no te quiero, que te largues y que no vuelvas jamás.

Eres como una polilla buscando la luz; con atracción infinita.

Yo soy la luz y tú quieres invadirme con esta inseguridad.

Quieres invadirme con tu oscuridad; apagando mí llama.

Me provocas comezón por todo el cuerpo y no hay manera de que se me quite.

Me he lastimado las manos y el cuerpo intentando de desvanecer los rasgos que dejas en mí y parece ser que nada funciona.

Te llevo conmigo como una marca de nacimiento.

Dicen que respire, que respire y te deje ir.

¿Pero dime como dejas algo que está unido a ti?

En vez de sacar lo mejor de mí, sacas lo peor y me conviertes en esta figura oscura que parece caer en la locura.

Escucho voces en mi cabeza, en mi cabeza, en mi cabeza...

Escucho voces y no las puedo apagar.

Te juro que no soy adicto a ti, quiero dejar esta maldita ansiedad.

Por favor ya no me consumas más.

¿Si te acepto, dejarías de ser tan cruel?

¿Dejarías de consumirme en cantidades grandes si te doy un poco de mi de vez en vez?

[La primera causa a la infelicidad casi nunca es la situación; pero nuestros pensamientos sobre ella. Si podemos cambiar nuestra percepción y pensamientos en ciertas situaciones de la vida, entonces vuestros sueños es probable que se vuelvan realidad. No todo será bueno pero si podemos intentar observar el mejor lado de las cosas, ya que no sabemos cómo puede cambiar la situación a la vuelta de la esquina.]

Te pido disculpas si a veces no sé qué hacer cuando te encuentras solo.
Discúlpame por no poder pegar los pedazos que has ido esparciendo a lo largo de tu vida.
Discúlpame por no poder dejar que escuches todas esas voces de personas prepotentes diciéndote que no eres suficiente.
Discúlpame por no poder limpiar la inseguridad que sientes cuando te miras en el espejo.
Discúlpame por no poder ser la figura paterna/materna que te abandono.
Discúlpame también por no ser todas esas personas buenas que la vida te robo.
Discúlpame si a veces parezco no tener tiempo solo para ti.
Discúlpame si por eso vuelves a recaer en memorias de personas infieles que en realidad no eran para ti.
Discúlpame por no poder parar la mano de ese abusador/a que golpeo esa bonita piel.
Discúlpame por no poder hacer que estés en la cima o donde quisieras estar para que dejes de vivir en el ayer.
Pero te digo que está bien, está bien si no sabes qué hacer con tu vida aun.
Está bien aún no estar sanado.
Está bien llorar y ser inseguro.
Lo que no está bien es como la vida te ha tratado, ni que tú te hayas creído no ser suficiente para volver a florecer.
No está bien que no te puedas volver a motivar.
Porque siempre habrá algo porque luchar, porque amar, porque dejar de sangrar.
Sé que a veces lo único que quisieras es que todo termine.

Dejar de estar aquí porque al fin y al cabo sientes no importarle a nadie.
Pero estas equivocado; me importas a mí.
Aquí me tienes y no me iré.
Estamos juntos en esto.
Espero que veas que estoy dispuesta a aventarme y naufragar un poco si así podre salvarte.
Eres suficiente, eres suficiente, eres suficiente y al salir de esta laguna mental, te espera otra oportunidad.
La tomes hoy, la tomes mañana, en unos años pero tiene tu nombre y ahí seguirá hasta que la decidas tomar.

Souvenirs

Me voy.

Me voy pero no con las manos vacías.

Créeme que aunque sean pequeñas llevan más de cien recuerdos colgados en los dedos.

En el cuerpo llevo besos que no lograre borrar ni con un estropajo de metal.

Me voy, pero los recuerdos que presenciaron mis ojos se repetirán cada vez que los cierre como un slideshow de fotografías.

Me voy a casa pero créeme que en tus brazos encontré un hogar digno en el cual vivir.

Quisiera que al irme te lleguen más habitantes y más momentos dignos de tu tiempo.

Porque el tiempo no se recupera y yo tuve la dicha que me lo otorgaras.

Que nunca te falten las sorpresas y los momentos donde el oxígeno parece escabullirse.

Me voy y regresare a mi trabajo y a todas las cosas pendientes que deje.

Me voy pero no por siempre y espero que al volver os volvamos a encontrar.

Aunque sea solo para intercambiar miradas o una palabra quizá.

Porque yo llegué aquí sin saber que esperar, y me voy rica de experiencias.

Hasta la próxima que el tren ya viene y yo debo subir.

-Viajar parece fácil desde el exterior, pero en el fondo, es complicado.

Complicado porque conoces personas a las que amaras y quizá nunca las vuelvas a ver. Complicado porque aprendes el desapego. Complicado porque el universo te enfrenta con

obstáculos inesperados, y en ocasiones es ahí cuando el alma usualmente crece. Complicado porque cuando empiezas a sentirte como en casa, debes seguir tu camino. Pero como un alma libre que eres, necesitas continuar, siempre, sin detenerte. Sigue caminando, bajo el sol, las tormentas, bailando siempre con el fluir de la vida. Riendo, sonriendo, dejándote ser tocado por todo pero no atrapado.

Hasta que el destino decida juntarnos otra vez

Al estar a tu lado siento que el tiempo se me escapa de las manos.

Tengo miedo, porque sé que en un parpadeo puedes escabullirte y no volveré a verte dentro de un buen rato.

No sabes lo gratificante que ha sido conocerte.

Me pregunto cuanto tiempo me queda de tenerte entre mis brazos y besarte.

De escuchar la melodía de tu risa y de observar esos ojos que me endulzan el alma.

Cada que te abrazo no sabes lo mucho que me quedo admirando tu aura.

Pero no, ya no quiero seguir preguntándome cuando dejare de tenerte.

Porque talvez no me guste la respuesta que obtendré.

Quiero querer.

Quererte a ti, a mí, a nosotros y a este momento.

Apasionadamente y sin condiciones.

Te demostrare que existen momentos que no se vuelven a repetir.

O quizá sí, pero no siempre con la misma persona.

Quiero que atesoremos a todo lo que nos acoge en este momento.

Nuestros cuerpos, los árboles, el cielo.

Quiero que nos entreguemos de la manera más honesta diciéndonos secretos y sueños que tenemos miedo de hablar en voz alta.

Quiero que nos entreguemos de la manera más intensa, nuestra piel uniéndose como una misma pieza.

Quizá…

Quizá si somos buenos aquí y en el ahora, en un futuro el destino nos vuelva a juntar.

-¿cuantas veces no valoramos a esas personas cuando las tenemos enfrente, y como castigo la vida solo nos deja deseándolos; su presencia, su aroma, algo de ellos? No esperes a que sea tarde para demostrarle a alguien cuanto lo quieres.

Historias escondidas pero no olvidadas.

Existen tantos secretos y los más profundos, vulnerables he impactantes se quedan en una banca enfrente de un lago.

En las cobijas que fueron cómplices de dos almas ardiendo en pasión.

En un coche donde se quedan todas las palabras, las miradas; que aun añoran por ser habladas, por ser compartidas.

En los baños de los bares compartiendo palabras con desconocidos.

En los besos fugaces.

En las espaldas de unos cuerpos a los que acariciaste por varias horas.

A los dedos que se entrelazaron para ser una pieza completa.

En un atardecer, en todas las primeras veces y en tantos momentos más.

¿Qué dirán las paredes de las locuras que presenciaron?

¿Cuánto tiempo le tomara a las banquetas borrar los pasos que tomamos?

Segundos quizá.

Pero los recuerdos cada vez son más profundos, si cuentas cada paso dado por encima de los nuestros.

Enterrándose como los muertos.

Sin embargo los recuerdos perduran.

Sé que cada vez los sientes más enterrados en tu corazón.

Tanto como lo hago yo.

No espero que no los olvides.

De hecho espero que compartas más.

Que te tengan la confianza de compartirte cosas profundas.

Deseo que tú también vuelvas a desnudarte en mente, cuerpo y alma ante otros seres.

Pero sin importar que, tengo la esperanza de que siempre atesores lo compartido conmigo.

Todo lo que descubrimos y lo que no hubiéramos querido aprender con nadie más.

Porque todo lo que fue no ha sido borrado, solo está cubierto con otros recuerdos, etapas, personas…así como cubres una casa con una capa de pintura.

Pero aún existe.

Mi amor y cariño por ti aún existen.

Me han dicho que te olvide, pero no puedo, no cuando aún existen cosas pendientes.

Porque no se necesita nada más que nos volvamos a mirar directamente, para saber que aquí hubo historia con capítulos pendientes.

Pero ahora entiendo que no eres esencial para seguir viviendo.

Voy con los brazos abiertos a la vida.

Imagínate todo lo que viene si suelto de todo lo que me está deteniendo.

Como el miedo.

Como tú o el recuerdo de ti.

Mientras tanto disfruta de todo como lo hare yo.

Y perdámonos encontrando maravillas…

En otros ojos, en otra piel, en otro árbol…

En otro corazón.

Tu que no lo vez

Acaso nunca te has puesto a pensar cuan crucial es el espacio propio.

El poder de tu respirar. El ser.

El derrumbarse para así poder levantarnos en totalidad.

Os tenemos que dejar que vuestra imaginación salvaje vuele.

Os tenemos que volver a conectar con vuestro niño interno.

De aquel silencio que envuelve una mente vacía.

Tenemos que recordar que la soledad es una fuente curativa de medicina.

El cambio es un catalizador de la libertad si encuentras el coraje de rendirte a los cambios que tallaran tu camino.

No necesitas tener todo figurado en este momento. Respira.

Estas en donde necesitas estar. Ríndete.

Deja que tu mente se derrita en el flujo y reflujo de esta existencia humana para que así os podáis descubrir una confianza en sí mismo más profunda de lo que jamás hayas conocido.

Deja que tu conciencia despierte para que se levante de un reino de potencial infinito.

Claro que seguir vuestra intuición no tiene sentido lógico a los límites de nuestro ser humano la mayoría de las veces. Confía de todas maneras.

A veces no realizamos que vosotros tenéis alas.

No hasta que estamos cayendo. Déjalas desplegar.

Más que una esperanza

Ojala alguien espere en el mismo lugar donde esperaba ella.
Que tengan la dicha de mirarte escuchando música.
Ojala a alguien le suden las manos de los nervios porque estas cerca.
Ojala alguien pueda sentir tus latidos como un golpe en el estómago.
Ojala crucen miradas y no se quede ahí.
Esperando si algún día se hablaran.
Ojala que el miedo no le consuma las agallas.
Porque se lo mucho que deseara conocerte.
Ojala te descubra y vaya atesorándote capa por capa.
Ojala no se quede ahí como un momento.
Con la pregunta de ¿y si?
Con la esperanza de volverse a encontrar.
Porque a veces, la vida no nos regala el mismo instante.
Ojala se dé cuenta de que es ahora o nunca.
Porque si yo tuviera la oportunidad de sorprenderte.
Lo haría hoy, diciéndote lo mucho que emanas en cada respirar.
Sostendría tus manos entre las mías, besándolas para curar cada una de tus heridas.
Besándote para que pruebes la vida.
La vida que está dentro de ti.

Hasta que logres

A todos creo que alguna vez nos han dicho que delos sueños no se puede vivir. Que para sacar pasta hay que conseguirse una carrera formal. También sé que como soñadores se han burlado de vosotros y de lo que somos capaces de imaginar que podemos llegar hacer. ¿Pero acaso no todos hemos fracasado una vez? ¿O caso no fracasaremos en un punto de nuestras vidas? Así que yo solo te digo que sigas. Que sueñes incluso cuando los demás no crean en ti ni en tus proyectos. Porque el soñar te hace libre. Si sientes que vas más lento que otros; recuerda, que no siempre es bueno precipitarse. Usa la lentitud para tu beneficio.

Pensando mejor. Perseverancia. Determinación. Paciencia. Deja de ser esclavizado por esta sociedad corrupta y cerrada y libérate.

Que de los sueños si se vive si tú crees tanto en ellos los podrás traer a la realidad. Pero todo toma tiempo. Yo sé que lo vas a lograr. No te rindas hoy. No te rindas jamás. Sueña alto, pero nunca dejes de soñar.

El trayecto

La aventura y el cambio de la vida mientras se desenvuelven.

Nacemos, crecemos, morimos y reencarnamos.

La conciencia de la naturaleza empezando desde su centro, expandiendo hacia afuera.

Dejaos recordar el sabor de vuestra juventud.

Tomando un sorbo de nuestros sueños mientras que el amor nos susurra de nuevo, de cercas.

-El amor que ahora des, que sea el mismo amor que te das a ti mismo/a.

Antes de que expire la oferta

A veces lo único que quisiera es que me escribas. En una carta o por un texto. Que me digas que me extrañas. Que existen momentos en los cuales piensas en mí. Que las madrugadas las deje marcadas y que llevan mi nombre. Quiero que me digas cuanto deseas que despierte a lado tuyo. Que aunque has estado en otras bocas, nadie supo escribir poemas sobre tu piel. Que la buena vibra la has encontrado en varios lados pero sin embargo con nadie fluyes igual. Dímelo, que lose. Quiero que me pienses en horas donde no debes y que intentes buscarme.

Que me confieses que si te alejas no es porque no soy capaz de alumbrar tu vida, sino que por miedo. Que tienes miedo de que la vida tenga tanta cosa buena para ti, que tienes miedo a que no lo merecéis. Cae, y confiésame que estás dispuesto a intentarlo. Que el orgullo ya no puede contigo. Que tienes ganas de querer y que me quieres contigo. Y me quedo. Porque aquí me tienes. Eres una manifestación cósmica de amor. Me inclino ante tu alma etérea, a la intimidad que has cultivado con el Gran Espíritu dentro de todo, y a las poéticas bendiciones que canalizas a través de él. Cada vez que tus labios se expanden es como si sonaran las más bonitas armonías y yo, no quiero dejar de escucharlas. Deléitame y hazme perder la cabeza que tengo tantas ganas de escribir y las palabras no me salen con cualquiera. Dime que me quieres y me quedo para volver a perderme y encontrarme a través de ti.

Si estas tratando de elegir

Quédate con aquella que quieras arder.

Que aunque pueda prometerte el cielo o te prometa la perfección, no sea lo que elijas.

Quédate con quien quieras ir de la mano hacia el infierno para conocer los demonios que esconden bajo esa piel.

Con aquella persona que te demuestra que Sí.

Que si se puede TODO.

Que sin ella si se puede vivir, pero que prefieres estar sobrepasando obstáculos a su lado.

Que te demuestre que el amor es libertad.

Quien te deje volar a cualquier destino sin invitarle y no intente detenerte.

Quédate con aquella que te enseñe pero también te deje aprender solo.

Pero no te entregues a cualquiera.

No hieras a quien no lo merece solo por soledad.

Deja de buscar, porque quizás buscas en los lugares donde no debes o donde es más fácil.

Recuerda estar alerta porque quizá siempre le tuviste en frente o a lado.

Quédate con quien cuando por fin la encuentres se sienta como demasiado bueno para ser verdad.

Con aquella que te haga sentir que hasta tú eres un sueño.

Atesórala bien porque quizá después de ella ninguna.

Quizá después de ti NADIE.

Cuando alguien no te busque

Existen momentos donde nos precipitamos a hacer conclusiones.

Donde creemos que alguien nos evita y quizá sí.

Quizá necesiten su espacio, estén ocupados o simplemente no quieren hablar.

Nosotros debemos aceptar que hasta uno mismo algunas veces se tarda en contestar o no hay ganas de nada.

La otra persona tiene una elección como nosotros la nuestra.

Su elección es tan válida como la tuya.

No te aferres a que una persona quiera y este para ti todo el tiempo porque eso no es saludable.

Ni para él o ella, ni para ti.

Fluye con el tiempo y deja que las personas te busquen cuando estén listas.

No entristezcas que hay muchas cosas que puedes hacer mientras ellos no están.

Y si nunca te vuelven a buscar, y si pasan semanas, meses o años, entonces sí, quizá puedes enviar algo pero si no hay respuesta creo que lo has entendido.

Que a veces las despedidas llegan en silencio.

Que a veces es mejor así, sin ellos.

Que a veces no eres tú ni ellos sino el tiempo y el momento.

Quizá hoy no, pero mañana quien sabe.

Así que fluye y no dejes de vivir.

La dosis

Hay un aroma en el aire que me deleita pero no me sacia.
Ardo, cada vez que intento tocarlo con mis manos.

Tan cerca y tan lejos.

Tu cuerpo.

Te busco y no te encuentro.

La droga perfecta.

Yo tan hambrienta de volar.

Suma y multiplica

Hay aquellos que siempre dan de más.

Que cuando echan de menos lloran un mar de lágrimas.

Que cuando se ilusionan son capaz de que mires el fuego que llevan dentro.

Que siempre tienen ganas del mundo, de aprender, de ti.

Que no son perfectos y aun así no restan.

Aquellos que cuando se enojan, destruyen toda atadura y dejan atrás.

Que tienen paciencia esperando meses o años quizá.

Que demuestran calma aun cuando alrededor existan guerras.

Que demuestran calma aun cuando en el interior también existan guerras.

Hay aquellos que se dan de más,

Aquellos que hasta multiplican.

Que se quieren, que quieren y te quieren.

Que te quieren tanto que hasta tú te empiezas a querer.

No, no siempre es malo dar de más.

Es malo esperar recibir lo mismo de regreso.

Tu date y multiplica también que el regalo más bonito que nos pueden dar no es abrumador, es una puta belleza alguien que nos enseñe a sentir, a ser humanos a lo grande.

Porque sentir no es raro.

Raro es no querer sentir.

No te conviertas en todo aquello que deseas destruir.

¿Hasta dónde?

Le regalamos miradas a cualquiera.
Tenemos la mirada tan desgastada aun sin usarla.

Vamos perdiendo la mayoría de las veces.
Porque en ocasiones el ganar nos ha traído más amargura.
No importa ya el destino sino el trayecto.
Sangramos y las heridas duran mucho en sanar.

Hablamos con la voz quebrada, con la esperanza de que alguien nos escuche.

Saltamos al precipicio aun sin saber volar.

No todo es lo que parece.
Ojala imaginemos algo mejor.
Porque estamos perdiendo visión.
Nos perdemos a nosotros.

Aun puedes estar aquí

Morimos mil veces.

Morimos cuando alguien se nos va.

Cada vez que nos rompen la coraza.

Cada vez que alguien nos quita el derecho a elegir.

Morimos de a poco en cada mentira que se dispara de nuestros labios y de las de otros.

Morimos recio cuando nosotros mismos no nos aceptamos.

A cachos, por cada máscara que usamos, para ocultar quien somos.

Morimos por ir con cuidado y sin cuidado.

Morimos por elección y porque "nos toca' "por algo pasan las cosas, ¿no? " ¿Muerte? Ya no le tememos.

Porque hemos muerto más veces que un gato.

La gente se pregunta porque a veces unos eligen el suicidio.

Pero aquellos que parten por una razón u otra han salido de esta ilusión sobre la muerte porque siguen viviendo.

Así que si tienes que morir, muere mil veces ya sea que así puedas vivir.

En el eterno ahora. En el eterno tú.

Etiquetas

¿Quién soy sino una hermana?
¿Quién soy sino una hija?
¿Quién soy sino una amiga?
¿Quién soy sino una humana?
¿Quién soy sin una definición?
Siento que he perdido la identidad.
Estoy en la separación del alma y del –YO–
¿Quién soy sin Una etiqueta?
¿Libre?
¿Partículas?
¿Infinita acaso?
¿Quién soy?
¿Quién eres?
¿Quién somos?

Fluye

Sentada al lado de la marea me empiezo a preguntar una infinidad de cosas.

Tratando de buscarle fin a mis pensamientos.

Pero ellos son como el mar, lleno de sorpresas.

Nunca sabiendo, donde acabaran.

Escucho las olas y me empiezo a tranquilizar.

Pues sé que lo único que necesito es silenciarlos por un rato.

Relajarme y dejarme llevar.

Sé que no es fácil encontrar los tesoros escondidos en mí.

Sé que no es fácil nadar a mi lado porque a veces olvido todo y empiezo ahogarme.

Pero sé que cerrando los ojos aunque sea por un instante, todo estará bien.

Perfecta intimidad

Quiero desnudarte, vagar por cada centímetro de ti.

Quitar cada capa que te forma hasta llegar a tu ser más real.

Quiero tocarte de nuevo y sentir que voy conociendo el mundo a través de cada fibra, de cada partícula, de cada célula.

Quiero llegar tan a fondo que tenga tu alma entre mis manos.

Para atesorar como si estuviera sosteniendo el tiempo.

¡Quiero desnudarte, si!

Y lo seguiré repitiendo, más sin embargo no quiero quitarte la ropa.

Quiero que te pares frente a mí.

Que al ver mis ojos sientas como mi amor a traviesa y viaja a ti como un rayo de luz y sientas un éxtasi tan poderoso que quedes paralizado y con ganas de que ese momento no termine.

Quiero desnudarte y hacerte el amor con mi energía.

Sentir cada palpitar y sincronizarnos para ser uno.

Porque la maravilla de la vida me la otorgas tú en cada abrazo que me das.

¿Pero dónde estás?

Te has ido y me quede con tantas ganas de vivir a través de ti.

Pies

¿Pies?

A menudo me pregunto qué piensan de mí.

Si están cansados de llevar el dolor y los recuerdos que han estado colectando.

¿Pies?

¿Cuántas veces han pasado por los pasos equivocados?

Lugares donde no sentían bien caminar.

Sin embargo, obedecían.

¿Cómo puedo hacer que me perdonen?

¿Cuántos pasos han dado?

Porque pensar en pies me hace pensar en las banquetas y los miles de pasos que han viajado en la parte superior.

¿Pies?

Los que todavía quieren llevarme por caminos donde el suelo era delicioso.

Los que aun quieren volver a ti, porque es el camino que más recuerdan.

¿Pies?

Los que se parecen a mis manos, pero no pueden sostener las cosas de la misma manera.

Revivir un momento, un paso es raro.

Me pregunto a donde me llevaran si les otorgó la libertad.

¿Me llevaran a la belleza de un atardecer, al momento en que la naturaleza hace magia y nos permite respirar una vez más?

¿Me llevaran a un lugar divino o acaso un camino lleno de dolor?

Pueden llevarme a cualquier parte.

A cualquier lugar que quieran.

¿Cuántos pasos damos en una vida?

¿Te has preguntado?

En agradecimiento siempre bailo porque es cuando más creo que se sienten felices.

La vida es un baile y todo lo que nos rodea es una melodía.

Algunos bailes son hermosos, otros llenos de lágrimas.

Sin embargo siempre existe un nuevo movimiento que aprender.

Algunas repeticiones del mismo pasó hasta lograrlo pasando al siguiente nivel.

Encontrar el ritmo es a veces complicado, pero únete a mí y a mis pies para seguir avanzando, bailando nuestro camino por aquí.

Perfecta Unidad

Y pensar que solo somos fractales de un mismo origen y aun así perdemos el tiempo

comparándonos unos con otros.

Fibras y fibras de la misma piel.

Yo cargo en mí un pedazo de todos.

Cada persona que me ha enseñado algo, que me ha arropado, que me ha amado.

Cargo en mi cada alimento que ha entrado a mi estómago, la gente que lo ha crecido y plantado para alimentar a la humanidad.

Todos cosechándonos en la misma tierra, solo diferentes ciudades.

Mágicamente un día cruzas caminos con alguien a varias horas de distancia.

Pero sientes más cercano que cualquier persona en tu ciudad.

Una persona que te hace realizar lo que antes no observabas.

Que no importa que pase al final del día, no somos tan distintos.

Que te enseña que en cada momento y en cada paso, vivimos en una comunión íntima con todos los seres y elementos.

Solo una pequeña pisca de autenticidad en cada uno pero ninguno menos invaluable que el otro.

Porque al trabajar unidos, la obra de arte queda realizada mejor.

Nunca estamos solos.

Estamos sumergidos en un mar de intimidad con todo lo que nos hace vivir.

Siendo como las islas con el mar; separados en la superficie pero conectados en lo profundo.

Vaya que realidad tan loca.

¡Que belleza!

Mar eres tú

El mar me recuerda a ti.

Impredecible.

Puedes causar calma, pero también un tsunami de emociones.

Me recuerdas a él en lo cálido he frio que puedes llegar a ser.

Llegas a mis tierras humectándolas y sanándolas con tus sales.

Lamentablemente en el mar se quedan muchas historias y se van con la marea.

Como si nunca hubiesen existido.

Por eso agradezco que no seas mar porque así puedo tenerte en mis pensamientos por un poco más de tiempo.

Atesorándolos recuerdos.

Atesorándote a ti como un pirata con su tesoro más preciado.

Del recuerdo vivo y hoy en este mar…

Me siento tan cerca de ti.

Presente

Acaso no os da nostalgia pensar en el momento presente.

Como si estuviese la vida desenvolviéndose a través de ojos antiguos de vuestro futuro yo. Sabiendo que romperemos a carcajadas y volveremos a sonreír cuando todos los pedazos de nuestras memorias se vuelvan a juntar.

Con nuestra mente vacía, nuestra alma se torna plena y nuestro corazón por fin hace sentido del eterno misterio de nuestra existencia en evolución constante.

Los límites en vuestra cabeza jamás podrán comprender en su totalidad lo infinito de este universo.

Así que ya no intentemos tenerlo todo averiguado. Nunca lo hagamos.

Hay que rendirnos y dejarnos ser.

Vamos a refugiarnos en la naturaleza y hay que desenvolvernos a base del movimiento.

Empecemos a escuchar el sonido en cada respirar.

Sumergiéndonos a nosotros mismos.

A vuestra vida con otros seres humanos genuinos.

Porque vos ser amado y pase lo que pase nos seguiremos levantando.

Así que estar aquí. Presente.

Escucha.

A fondo

Nadando cada vez más profundo; al fondo.

Buscando entre nuestra propia oscuridad el origen de donde proviene esta ansiedad, soledad y tristeza.

Que a pesar de que a veces tengamos todo aun así nos sentimos con esta espina en el pecho.

Sumergiéndonos entre las capas una y otra vez hasta que lo único que os queda es AMOR.

Dejando que esa luz radie y emane desde todo vuestro ser.

Completos y llenos.

SOMOS abundancia andante.

Teniendo visión y manifestando como creadores de este reino.

Que todas las acciones que tomemos sean reflexiones de nuestro ser más alto.

Liberándonos de creer o no creer, enriquecidos por todo.

Floreciendo nuestros pensamientos nadando de regreso a casa, desde este naufragio en el que nos encontramos.

Disolviéndote entre la luz

Se tierno contigo mismo.

Recuerda de dónde vienes, con ojos de amor, sosteniendo a tu yo del pasado en tus brazos, dejándolo ir, perdonándolo y agradeciéndole.

Agradeciendo por donde te ha traído, aquí, ahora.

Estamos en diferentes caminos pero todos vamos de regreso a casa.

El amor propio no es egoísta, no es de alabar nuestro ego.

Es amar todas las partes de nosotros equivalentemente.

Libres de juicio.

Es de aceptar la oscuridad tanto como la luz.

Es aceptar que hemos cometido errores pero que podemos trabajar para no volver a cometerlos.

Reconociendo nuestra naturaleza eterna.

Las lecciones de tus ojos

¿De qué color son tus ojos?

¿Porque todos dicen que cafés y yo los veo de miles?

Amarillos radiantes como el sol.

Rojos cuando miras con intensa pasión.

Verdes cuando eres tan natural.

Negros porque en ellos me podría perder.

¿De qué color son tus ojos?

¿Azules quizá?

¿De dónde vienen esas canicas mágicas que llevas contigo a cada paso y porque me causan tanto?

¿Porque los observo más allá de lo que miran los demás?

Tus ojos son de las partes más importantes en todo tu cuerpo.

Porque todos se olvidan de admirarlos como yo, hasta tú.

Si yo pudiera seria las gafas contra el sol solo para consérvalos, y seguir admirando cada color que los veo yo.

Porque como dicen los ojos son la ventana del alma.

Y cada vez que tengo la dicha de mirarte siento que puedo conocer más allá de lo que me imagine que existía.

Porque me ofreciste galaxias cuando solo busque planetas.

Porque tus pupilas cambian cada vez que nos quedamos viéndonos fijamente, crecen.

Porque te he estudiado y puedo saber cuándo pasara una ola de emociones en forma de catástrofes.

Al mirar tus ojos no solo veo su color, veo otra realidad.

Veo lo mucho que te gustaría hacer un cambio derramando amor.

Observo tus sueños y tus intensas ganas de seguir viviendo.

Al mirarte siento como si estuviera leyendo tu diario.

Porque a diferencia de tus labios, tus ojos no pueden mentir.

El viaje de la vida

Sal, porque al estarte siempre donde mismo te llegaras arrepentir en un futuro.

Sal, porque te pasaras el resto de tu vida deseando ser lo suficientemente valiente de escapar de tu zona de confort.

Los sueños que contiene tu mente irán consumiendo cada parte de ti si no te vas.

No te pido que huyas.

Tranquilo, puedes volver.

¡Pero vete!

En solo segundos de estar sumergido en un lugar distinto te darás cuenta de lo mucho que llegará a ti sin que lo vayas buscando.

Sal sin nada, con los brazos abiertos para que los tengas libres y aceptes todo lo que está apunto de aparecer.

Habrá un costo que pagar al salir.

No solo hablo del dinero, sino de empezar a conocerte a ti mismo de una manera más profunda.

De conocer al mundo más allá de lo que te han hecho creer.

El tiempo nunca será suficiente para observarlo todo.

Siempre habrá una nueva maravilla, una joya esperando que la encuentres.

Pero te prometo que regresaras a casa repleto de experiencias con los bolsillos vacíos, pero lleno de vida.

Repleto de amor.

Algunos dicen que para encontrarte no necesitas viajar lejos.

Pero es qué viajando serás capaz de llevar tu cuerpo a otros extremos.

Donde hará cosas que jamás creías lograr.

Dicen que el viaje más profundo es el que haces en tu interior y estoy de acuerdo.

Sin embargo te prometo que habrá momentos donde no querrás ni cerrar los ojos de todo lo que está pasando a tu alrededor.

Tu mundo exterior.

Porque esta vida es tan corta y aún falta tanto por descubrir.

-Viajar te enseña siempre detenerte y poner las cosas en perspectiva, especialmente in los tiempos difíciles. Estamos bendecidos; Tenemos un hogar, un techo, algo que comer y tomar. Eso es en realidad todo lo que necesitamos. Algunas personas son más pobres, que sufren todos los días para poder tener cualquiera de los básicos, pero aun así son tan ricos con las sonrisas más iluminadoras, porque ellos han aprendido a apreciar todo en lugar de dejarlo que pase desapercibido.

Sirena

Si vas navegando hacia la ruina entonces ven y déjame devorarte.
Yo quiero ser la musa de tu poesía.
Que con tus labios escribas poemas sobre mi piel.
Te advierto, que soy una criatura bella pero peligrosa.
No te acerques, soy capaz de seducir a los marineros cómo tú con mi dulce vos, y al actuar así, puedo arrastrarte hacia la muerte. A la muerte de tu ego y hacerte sentir que vuelves a renacer haciéndote inmortal en cada uno de mis versos. Puedo arrastre también a la puta isla más bonita que jamás tus ojos presenciaron. El mito dice que no somos buenas.
Pero los marineros nos crearon así.
No aguanto el rechazo y cuando me rompen el corazón, devastada me lanzo al naufragio.
No me molestaría morirme en el mar de tus ojos.
No vengas hacia esta sirena, que encanta a todos los que se acercan a ella regalando les un canto del corazón irrepetible.
No te acerques demasiado y escuches porque puede que solo estés confundido y si tus intenciones no son reales solo harás de esta una sirena triste.
Solo porque te llamé la atención, significa que vibraremos juntos.
Así que si quieres navegar hacia el amor, pues sabes dónde encontrarme.
Tesoro serás en el atardecer.
Al cruzar miradas ya no habrá remedio más que experimentar y dejarse llevar. Sumergirse en este mar de amor, lujuria y pasión.
En ese mar donde hay tesoros escondidos en el fondo en una caja fuerte en forma de corazón.

De tantos tesoros me he encontrado una llave, te lo advierto no te acerques porque quizá encaje en la cerradura y de todas las llaves en el mundo la llave de tu corazón quizá la tengo yo.

Así que no te acerques si lo que buscas es ir de isla en isla hasta encontrar la perfecta.

Porque quizá lo perfecto no te haga –libre.-

Si quieres den la ruina, mirad el iris de mis pupilas en un atardecer.

Para que cuando veas tu reflejo ya no haya más remedio más que experimentar y dejarse sumergir por la ola del amor.

Cayendo

Estoy cayendo.

Cayendo en este agujero.

Completamente negro. Oscuro.

Cayendo.

La locura se desarrolla, poseyendo cada parte de mi ser.

Cayendo.

Sin embargo, no tengo la necesidad de volver a levantarme.

Quiero caerme, y sumergirme más en la incertidumbre.

Quiero experimentar fallar y caer, hasta que no tenga más remedio que levantarme.

No porque sea la salida fácil.

No quiero eso.

Verás, espero que la vida me destroce.

Rasgue mi carne y rompa mis huesos.

Quiero que mis pesadillas encubran mi alma.

Sólo para aprender que el miedo es parte de la vida.

Que puedo caminar con mis demonios en cada paso de esta vida restante.

Sin ellos tomándome de rehén.

Sólo entonces puedo soñar de nuevo.

La verdad no es arco iris y mariposas para siempre.

Porque para que haya luz hay oscuridad.

Para que haya sueños hay pesadillas.

Locura por la cordura.

Rompimientos y remiendos.

Quiero caer tan profundo que todo lo que sabía tenga que volver a aprenderlo.

Quiero vagar y gatear a nuevas posibilidades.

Quiero sobresaltarme y caeré una y otra vez si tengo que hacerlo.

Para ser siempre volver a centrarme y ser maravillada, por los simples placeres de la vida.

Danza Cósmica

Estamos tan delicadamente tejidos en la tela de todos los seres.
Tan intrincadamente involucrados en la danza de la vida,
Que solo una increíble fuerza de temor y resistencia nos pueden separar.
A veces no nos damos cuenta de lo mucho que dependemos uno del otro.
Ya sea para amar, para alimento o para la vida misma.
En este rompecabezas cada pieza es esencial.
Sé que a veces sientes que estas solo, que es muy difícil permanecer en un lugar, pero recuerda que toma bastante energía intentar separarte de algo a lo que estas conectado en cada caminar.
Eres la persona que eres gracias a otra persona y a todo lo que has aprendido a través de alguien más.
A pesar de tus miedos, de lo mucho que tambalees, y lo mucho que caigas.
 En cada movimiento estas compartiendo el oxígeno con otro ser vivo y no vivo.
Con toda la creación para ser más concreta.
Desde una mesa, una mariposa hasta cada ser humano que aun te falta conocer.
Aunque te sientas solo todos estamos enganchados al mismo universo.
Si hoy perdiste a alguien, aún existe.
La esencia de esa persona existe en el aire que respiras día con día.
Si hoy se te perdió un objeto recuerda sigue existiendo en algún lugar en el mismo momento que existes tú.
Sigue danzando que no hay pena que no sea compartida.

Si nos dejamos llevar en un trance perfecto llegaremos a un éxtasi en un mismo espiral sanando traumas y rompiendo el ciclo.

Miedo

Miedo de que me dejen de nacer las ganas de salir y buscar lo que deseo.

He dejado que tanto se me escapará de los dedos, de las manos.

He intentado mantener mi calma y encontrar la paz pero existen momentos en donde no puedo.

¿Porque dejo que algo me controle?

¿Qué me detenga de llegar a mi destino?

Estoy parada en el borde de dos opciones.

Entre lo arduo y llenador.

Entre donde quiero estar y donde he estado.

Veo mis sueños justo frente a mí.

Con ganas de volver atrás a donde fui feliz.

Quisiera tener lo que antes tuve.

Pero en la comodidad y la costumbre no pude crecer.

Ya estoy lista para saltar.

Aunque en mi mente haya mil preguntas de lo que viene después.

Aunque mi corazón aun añore latir por corazones que ahora laten para alguien más.

Aunque mis brazos aun necesiten abrazar almas que están en compañía de otros.

Ya estoy lista porque mi mentalidad ha cambiado tanto.

Sé que caeré, pero tengo que estar dispuesta.

Porque para realmente descubrir de lo que soy capaz, se necesitan de varios sacrificios.

Ya no deseo ser títere y privarme de lo que merezco.

Quiero vivir tan intensamente, que al final saldré con las rodillas raspadas,
Con las piernas rotas, con los ojos llorosos,
Con tierra y sangre...
Pero con la satisfacción de haberlo intentado.
Con la afirmación de que entregue y di todo de mí.
Voy con todo, aunque haya miedo.

Para ti con amor

¿Cuándo fue la última vez que temblaste de los nervios?

¿La última vez que tu voz se quebraba antes de hablar?

¿Cuándo dejaste de esforzarte por las cosas y personas que te importan?

¿Quién te rompió tanto que ahora parece que vas arrastrándote con tal de continuar?

¿Dónde han quedado las ilusiones y los sueños que sé que aún existen dentro de ti?

Tengo tantas ganas de tener la respuesta en mis manos y entregártelo todo como un regalo.

¿Qué Ganas?

¿Qué ganas en regalar un poco de ti al mundo?

Cuando dices tú verdad, empoderas a otros a hacer lo mismo con su propia experiencia.

Tu camino actual quizá no haga resonancia con el camino de otros, pero está bien.

Comparte las cosas y crea arte, música, danza. Pero crea.

Porque al crear es como una expresión de liberación de sí mismo.

De la jaula que has querido escapar.

Crea para que liberes energía de tu cuerpo, y sanes.

Pero nunca hagas nada si lo que buscas es probar que eres mejor que los demás.

Si buscas ganar más dinero que otros.

Si siempre buscas más, quizá termines con menos.

Aprende a recibir lo que la vida te da en el momento.

Si quieres más pues da más.

Mejora tu arte, tus proyectos.

Mejórate a ti mismo.

Humildad es la fuente más poderosa conocida por el ser humano y si no tienes eso, no tienes nada.

Y si no tienes nada, ¿qué es lo que vas a ofrecer?

Para ellas y por ellas

Mujeres, de aquí, de allá.

Mujeres, las que me nutrieron.

Que me vistieron, brindándome todo aun sin yo entregarles algo de regreso.

Mujeres, las que me alimentaron aun cuando era su última pieza de pan.

Mujeres, las que fueron mi hombro cuando solo tenía ganas de llorar.

Mujeres, que luchan para que el mundo preste atención.

Queman edificios, rayan paredes, pero siempre con un propósito.

Mujeres, que se desvanecen entre partículas.

Mujeres, que aparecen pero sin vida.

Mujeres, las que caminan con miedo.

Esto no es vida y hay tantos que lo ven pero se hacen ciegos.

En este mundo tan nuestro y de nadie, las mujeres son necesarias.

Yo quisiera poder cambiar como nos ven con mis palabras.

Que sepan que no somos amenaza si no esperanza.

Que somos resistencia y que no importa cómo ni cuándo no nos podrán borrar.

Que nos pueden matar, destrozar y quemar.

Pero se olvidaron que entre más profundo nos deseen enterrar.

Entre cenizas nos vamos a volver a levantar.

Como fantasmas volveremos a dejarles sin sueño.

Como esos que os habéis robado.

Mujeres, si nos unimos podemos hacer revolución.

Aunque se vuelva a sentir como si estuviésemos cantando la misma canción mil veces en repetición.

Mujeres este verso va por mí, por ti, por las que vienen y por las que han caído.

Esto va por madre tierra la que nos acoge a todos y aun así no puede alzar la voz.

Pero nosotros somos la voz.

Mujeres la lucha es grande y tal vez ganemos una batalla pero la guerra jamás termina.

Sigamos luchando porque ya no podemos perder más vidas.

Da sin esperar

¿Qué esperas?

¿Qué esperas?, repito.

Para darte cuenta de cuanta luz radia de tu ser.

Que existe gente esperando encontrarse contigo para que su día se alegre.

Que aunque no te lo digan o lo demuestren, te admiran.

Eres la paz que necesitan cuando hay una guerra en su cabeza.

Eres el agua apagando el incendio y la medicina para las quemaduras.

¿Cuánto tiempo te tomara entenderlo?

El mundo es dicho de tenerte.

Así que, aunque a veces sea duro estar de pie, y cuando se te olvide donde estas y lo mucho que vales, recuerda que mucha gente está esperando para que les alumbres el camino de regreso a casa.

¿Qué esperas?

No esperes nada y no te detengas en ayudar.

El cambio lo haces en cada movimiento.

En cada paso, palabra y cada abrazo que das.

Así que sigue sin voltear atrás.

Sin parar.

Sin esperar.

Aunque ya no este, tú vive

Sé que te costara trabajo adaptarte a la realidad que existes pero no a su lado.

Sé que aun recuerdas sus roces y sientes las yemas de sus dedos recorrer todo tu cuerpo.

Como apuntaba tus imperfecciones como si fueran constelaciones.

Haciéndote sentir vibraciones dentro de tu ser.

Que duro ha sido no verle seguido.

Y aún más duro no poderle escuchar respirar.

Que difícil despertar cada mañana y no poderlo hacer con ella en tus brazos.

¿Porque lo más bonito solo viene pero no se queda?

Sé que extrañas que te abrace para que reconstruya las partes más fragmentadas.

Que duro ha sido esto de tener que seguir sin ella pero no creo que sea más difícil que estar a su lado y que ella ya no sienta nada.

Sé que te ha costado trabajo y mucho valor, pero acéptalo, a quien engañas, sin ella estas mejor.

El amor no está en ella, ni a su lado.

Todo lo que buscas está en ti.

En tu interior.

Tú tienes el don para reconstruirte pedazo por pedazo.

No necesitas nada ni de nadie.

Paciencia, eleva tu conciencia y toma nota de cada acción que ejerces y las que pasan a tu alrededor.

Creo en ti y en la capacidad que tienes para seguir avanzando.

Porque la esperanza sigue ahí.

Dentro de ti.

La vida te espera con los brazos abiertos.

Ahora te pregunto, ¿lo dejarás pasar esperando a que ella regrese?

¿O finalmente saldrás del hoyo e intentarás vivir?

Inmóvil

La quietud es una fuente sagrada de amor propio.

Cuando os dejamos de vuestra mente sea libre para volvernos un papel en blanco. Hay que hundirnos completamente en la belleza de este momento.

Para poder escuchar a los colores gentiles que la Tierra nos otorga mientras se derriten en nuestra piel.

¿Acaso no escuchas el susurro de tu ser interno, llamándote a casa?

Con los ojos sin niebla por las cadenas del pasado y un futuro que quizá nunca llegara.

¿No puedes ver, que nada existe?

Este aliento. Este segundo y su inmenso vacío.

Nos volvemos plenos desbordando con aceptación propia.

Por fin podemos llenar a otros sin vaciarnos a nosotros mismos.

Hay muchas maneras de practicar amor propio y de sanar y otra es la medicina de nuestra madre Tierra.

Pasar tiempo con ella y en ella nos puede sanar de pies a cabeza. De adentro hacia afuera.

Induciéndonos y dejándonos llevar por esa magia tan pura, tan inexplicable que ella nos da estando inmóvil.

En busca de nada, todo

He viajado bastante y me he cruzado con varios planetas.
He visto galaxias y estrellas.
Sin embargo nada se compara con las galaxias de tus ojos.
Me perdí en ellas y aunque no soy la única persona que las verá sé que nadie las admirara en la forma que yo lo hago.

Necesito que me mires.
Que me captures con cada parpadeo.
Necesito perderme en ti y sentir que cada mirada tuya me va quemando cada parte de mi corazón.
Marcándolo para siempre regresar a ti.
Necesito que me mires porque desde que no lo haces me siento más invisible que nunca.
Necesito de tus ojos, porque la magia que contienen, las demás personas solo pretenden tenerla.

¿Cómo es que ahora miras a otros lados?
¿Cómo es que viajas lejos de mí?
¿O yo viajo lejos y no me doy cuenta?

No necesito que me mires para ser feliz.
Pero si lo haces, una ola de contentamiento se apodera de mi alma.
Si me miras aunque sea solo un segundo, enmiendas daños por tsunamis y catástrofes desde que te has ido.
¡Oye!
¡Voltea!
¡Mírame!

Fugaz

Sabía que era incorrecto mencionar tu nombre con mis labios.
Que al vernos a los ojos podríamos perdernos en una confusión instantánea.

Te advertí que no podría pasar nada.
Pero cedimos.
Cayendo en la trampa de un par de cervezas y emociones momentáneas.

Ahí, tu.
Ahí, yo.
Y un par de besos fugaces.

Eres una sustancia tan tentativa.
¿Cómo no habría yo de probarte?

He visto tu piel desnuda, tan desnuda como me has mostrado tu alma.
He visto tanto, lo que no le muestras a cualquiera.

¿Ahora como borro lo que mis ojos han presenciado y lo que mi mente recuerda?
Sabiendo que esto no puede ser.
Nos quedaremos como un momento en el pasado.

Aunque te vuelva a ver, aunque me vuelvas a ver...
Y aunque las ganas nos volvieran a nacer.
Esa pared no debemos volverla a brincar.

Donde todo empezó

Te he llegado a mirar a la distancia con la misma chaqueta de siempre.
Con tu actitud firme y tu nariz fruncida al sonreír.
Te he llegado a mirar y no me he atrevido a hablarte, pues siento que si lo hago todo puede salir mal.

Así que siempre te observo de lejos pero deseando estar cerca de ti.
Deseando que un día, quizá tú me observes.

Talvez mañana me armé de valor para llegar a otra proximidad.
Donde esté a centímetros más cercanos a ti y suelte todo lo que llevo guardado dentro de mi caja fuerte.
Las palabras más valiosas que no le digo a cualquiera.

Ojalá este sueño no termine nunca y si termina, espero mañana tener la oportunidad de revivirlo.
Porque desde que te sueño, dormir es mi parte favorita del día.
Aunque no te hable, te observo y prefiero eso
Porque en mis sueños no he estropeado nada.
Te quiero y te espero en el mismo lugar de siempre.
Bajo la almohada.

Otro Lugar

Quiero llevarte a otro lugar.

A una eternidad en la luna.

Quiero encrespar cada cabello de tu espalda.

Quitar las dudas que llevas en los huesos con mis besos.

Si pudiera, te inyectaría mis ganas por tus venas.

Para desnudarte desde adentro.

Me gustaría poder observar los atardeceres desde tus pupilas.

Recibir el aroma de la vida a través de tu esencia.

Vives en cada una de mis palabras aunque intente no escribir de ti.

Quiero quitarme el deseo de ti pero solo contigo.

Hasta agotarme.

Déjame llevarte a otro lugar.

Donde quizá valga la pena querer arriesgarte y perderlo todo hasta la cordura.

Donde los miedos se vistan de sueños y se cumplan.

Donde quererse bonito no sea extraño.

Quiero perderme en ti y contigo.

En un sitio donde ninguno de los dos haya estado antes.

Donde valga la pena extender las alas aun sabiendo que caerás.

Quiero darte una serenata durante un atardecer y decirte mis palabras más débiles, las mas tontas, pero también las más sinceras.

Deja me desenmascaró de este cuerpo y te presento mi alma desnuda.

Te quiero ver.

Tus ojos, tu cara, oh cariño tu sonrisa.

Digo venga, tú eres capaz de alumbrar aun así estamos a millas y millas de distancia.

Compartamos un susurro.

Una mirada, una carcajada.

Compartamos un silencio debajo de la luna y las estrellas.

Oh mi vida, no sabes cuánto contigo yo deseo compartir.

Espero paciente, pero la espera está siendo el fin de mí.

-extrañándote

Armonía universal

Te apuesto a que si me das un par de horas, te inyecto recuerdos que durarán años.
Te apuesto que si me lo permites podemos hacer Re-Evoluciones.

Progresando a la ruta transpersonal para una conciencia más elevada.

Escapando de este laberinto.

Entre dualidades.

Te apuesto que si me lo permites te ayudaría a activar tus chacras.
Despertando en ti la energía spiritual y psíquica.

Poder serpentino.
Como adentro, afuera.
Como arriba, abajo.

Te mostraría el vórtice.
El espiral conectado ente micrótomos y macrocosmos.
Entre ciencia y realidad.

Te apuesto que si nos damos una oportunidad escalaríamos, hasta aprender a cuidar, la luz de adentro, que brilla eternamente.

Coctel químico

Cuando te beso no tienes idea de lo mucho que pasa en mi mente.

Cuando te beso creas un cóctel químico.

Quiero beberte.

Llenarme de dopamina, oxitocina y serótina.

Alumbras mis placeres.

Como si fueras heroína, cocaína...

Euforia y adicción...

Pasión y miedo.

Quiero rasgarte la piel a pedazos con solo respirar por encima de ella.

Tengo ganas de ti, de la anatomía de tu cuerpo.

Hagamos un experimento científico empezando por tus labios.

Y que con tus manos acaricies mi cuerpo.

Llevo tiempo sin salir de fiesta y deseo embriagarme de amor, lujuria y pasión hasta que mis piernas tiemblen y el corazón se me quiera escapar.

Cuando te beso eres como el agua para las plantas.

La luna de mi sol.

Eres la paz y la guerra.

Eres, la combinación perfecta de lo que quiero y de lo que deseo tener.

Eres la dosis de la cual no me importaría tener resaca.

La resaca de tus labios.

¡Hazlo!

Tienes que empezar a moverte.

Tienes que moverte con intención.

Con propósito.

No dejes que ser un principiante límite que te muevas.

Toma el riesgo.

Toma la clase que siempre quisiste tomar.

Inscríbete a concurso aunque no ganes.

Vete a otra ciudad.

Conoce otras personas.

La gente te apoyará cuando empiezas a trabajar con un propósito.

Son las 6:40 a.m.

La hora que siempre compartíamos.

Lo primero que observa al abrir mis ojos; tu.

El tiempo paso y las cosas han cambiado.

Ahí tú.

Aquí yo.

Aunque ahora ya no estemos juntos.

Me reconforta el saber que estamos; coexistiendo.

Vacío

Estuve sentada ahí.

Lo tenía todo.

Aun así sentía que no tenía nada.

Tú te habías marchado.

El eco del espacio que dejaste es cada vez más grande.

Nada lo llena.

Poderosas

Tengo ganas de sentir el aire danzar entre mis dedos.
Los mismos dedos que usó para señalar misterios.
Como el cual llevas en los ojos.

Quiero tocar la tierra para recordar,
Recordar el pasado…
Mis viejas vidas.

Cuántas veces he intentado sostener tanto siendo tan limitado el espacio que tengo en ellas.
Suelto, suelto todo lo que he ido recolectando.
Suelto el dolor, las mentiras,
Suelto la necesidad de tener todo bajo control.

Me quedo vacía pero en ese vacío tengo espacio para nuevos aprendizajes.
Quiero abrazar un árbol, tocar un instrumento, sentir el calor del sol…
Quiero llenarme de vida a través de cada roce.
Porque la vida se mide por sensaciones.
Lo que escuchas, lo que miras, lo que hablas, lo que comes, lo que tocas.
Yo quiero tocarlo todo, aun así si me ensucien las manos.
Aun así no sean lo suficientemente grandes para cogerlo todo.
Pero sé que son lo suficientemente fuertes para curar en un abrazo.
Para entregar amor, para escribir, porque las palabras las mantienen en movimiento y el movimiento es vida.

Adiós

De nuevo me nace la rabia y aquí me tienes, escribiendo otra vez.
Pero esta vez ya no escribo para que te quedes.
Escribo para poder sacar lo poco que me queda de ti para poder dejarte atrás.
Créeme que esta parte final ha sido la que más me ha dolido.
El soltarte digo.

Porque te tengo en mi mente pero no conmigo.
Porque tengo que acostumbrarme a verte pero solo como amigos.
O nada.
Porque eres el primero que viene a mi mente cuando toco la almohada.
Porque tengo rabia que mi corazón se mande solo.

Sé que tengo que aprender a vivir sin ti a mi lado.
¿Pero cómo le hago? ¿Dime como le hago?
Porque contigo yo quiero seguir despertando cada amanecer.
Y escuchar la sinfonía del viento y truenos cuando está apunto de llover.
Dime como le hago si contigo yo quiero volar.
También reír.
También llorar.

Tengo que intentarlo porque igual no tendré otra opción.
Así sea arrancarme este sentimiento que siento por vos.
Tengo que intentarlo porque si no la razón la perderé.
Tengo que intentar escapar de esta telaraña en la que me enrede.
Tengo que intentarlo.
El soltarte digo.

No es lo que parece

Parece que fue ayer cuando aún tenía tu cabello entre mis dedos.

Parece que fue ayer cuando todavía nuestros corazones latían en una misma unión.

Parece que fue ayer que todavía teníamos ganas de soñar.

Parece que fue ayer cuando me fingías amar.

Parece que fue ayer que aun te rogaba.

Que te quedaras, que me salvaras.

Parece que fue ayer querer estar contigo en las madrugadas.

Parece que fue ayer que me usabas.

Parece que fue ayer que pensé no poder seguir sin ti.

Pero mírame ahora estoy bien y sigo aquí.

Parece que fue ayer que creí en nadie más poder confiar.

Pero sin embargo la vida me demuestra que no todo el mundo me querrá lastimar.

Parece que fue ayer cuando mi corazón en mil pedazos se rompió.

Parece que fue ayer que no volví a escuchar tu voz.

Sin embargo ya han pasado días y meses desde que tú partiste.

Pero parece que fue ayer y lo siento tan reciente que mi alma vuelve a estar triste.

¿Dime cariño mío algún día piensas en mí?

En el daño que me causaste que aunque fue hace unos ayeres sigue doliendo.

Que aunque no fue tu intención el día de hoy sigue la llama ardiendo.

Sigo queriendo pero el día de hoy algunas cosas han cambiado **-sigo y me quiero a mí.-**

A menudo me pregunto, ¿qué pasaría si me deshago de todas las pieles que he usado y que no destruí cuando tuve la oportunidad?

No dejes de moverte

Muchos tenemos esos momentos donde nos entregamos una y otra y otra vez a la persona equivocada.

Donde preferimos pasar una noche con alguien más y terminar vacíos.

A terminar una noche con nosotros mismos por temor a encontrarnos con nuestros peores demonios.

¿Pero que si al estar afuera nos diéramos cuenta que todos somos reflejo de uno mismo, volveríamos adentro a enfrentar la oscuridad en nuestra alma?

Proyectando nuestras propias inseguridades en los demás, no solo los perdemos a ellos sino que también nos perdemos nosotros.

Hasta no soltar, perdonar y dejar atrás no podremos avanzar.

Hasta no aceptar que moriremos de mil formas seguiremos en la ilusión de querer ser aceptados.

Hay que desaprender para aprender de nuevo.

Porque todo está en constante movimiento y constante cambio.

¿Quién eres?

A qué hora llegaste aquí.
Frente al espejo.
Mirando a alguien que no reconoces.
Eres conocido ante la gente que te rodea y desconocido para ti.

Me pregunto porque te sientes tan asfixiado en ese cuerpo.
Las imperfecciones en ti siempre son más que todo lo bueno que conllevas.
Te lastimas.
Sé que quieres destruirte a veces con una simple mirada.
Horas pasan, siempre te prometes que encontraras algo que te hará vibrar el alma…
Y jamás eres tú.

Siempre vuelves al mismo lugar.
Perdido en el abismo.
Perdido escuchando las voces que hay dentro de tu cabeza.

¿De dónde vienes y acaso es normal sentirte tan vacío?
Aun cuando si lo piensas, lo tienes todo…
Te entregas a ideas, personas y momentos temporales solo para sentir algo.
Para ser algo para alguien. Para ser alguien para ti.
Todo sigue siendo igual.
Tú te sientes como NADA.
¿Acaso eso eres?
Un ser que parece vivo pero carente de vida en su interior.

Te has vuelto un extraño tan extraño como todas las personas que ya no te dirigen la palabra pero que añoras por un simple reencuentro.

Solo espero que un día te puedas volver a conocer.
Tal vez esta vez te agrade quien eres.
Tal vez esta vez sí puedas mirarte al espejo y a los ojos y brotar lágrimas de felicidad.
Porque ojala en ese momento dejaras de preguntarte quien eres, y lo sabrás.

Mírame a la cara, ¿Cuál de todas? Respondí, yo.

Tiempos duros

Estamos en tiempos difíciles.

Donde la gente pretende querer, pero el amor se acaba cuando no tienes a quien presumírselo.

Donde el amor se acaba cuando no puedes ofrecer más que amor sincero.

Donde sentir de más es extraño, pero es normal entregarte como tiras un pedazo de carne a los perros.

Atados a admiraciones virtuales pero vacíos en la vida propia.

Donde la gente le falta más individualidad y menos admiración por figuras de grandeza.

Copias y copias.

Donde la gente pretende preocuparse por el mundo y por la gente pero sin embargo se asesinan cuando encuentran la más absurda diferencia.

Donde aún hay miedo de salir a la calle y alzar la voz.

Donde aún quieren decidir sobre nuestros cuerpos como si fuésemos un trapo.

En estos tiempos donde la tristeza es la nueva moda, y ser feliz lo vemos como algo inalcanzable.

Mírame a los ojos más de 10 minutos que nos hace falta más contacto visual y menos contacto virtual.

Quiero conocerte por más allá de lo que pretendes.

Real y al desnudo.

Vulnerable.

Quiero conocerte sin las máscaras que te pones cada día como outfits nuevos.

Son tiempos extraños, la vida va pasando.

Y nosotros no hacemos nada….

Pretendemos cambiar, pero a la semana se nos olvida nuestra resolución.

¿Te reconocerías si te quitaras la piel que llevas encima?

¿O acaso es lo único que te hace ser tú?

Porque los tiempos son duros y solo se pondrán más complicados.

Hay que conocernos, a ti, a mí y al mundo tan a fondo que podamos trabajar en equipo aun sin estar de acuerdo en todo.

Porque aún hay violencia y la más fuerte es la que no se ve.

Todo o nada

Derrumbarse, desmoronarse, cambiar el orden, dejando que vuestra familiaridad se libere, renuncia a vuestro control neurótico, deja de negociar por garantías, desarma tus automatismos, grita, fluye, aúlla, derretirse y romperse, deja que todos los pedazos se remolinen en la inundación de tu desprestigio.

Lo que se desmorona no eres tú, sino solo vuestra autenticidad sustituta.

Lo que se desmorona es tu evitación de tu totalidad de ser.

Déjate llevar por completo y permite una base más verdadera.

No construyas nada antes de esto; deja de lado tus herramientas y tu impaciencia. Prueba tu base descubriendo si aún eres o no explotable por las expectativas que los demás tienen de ti.

Si es así, se requiere más desglose.

Hazlo sin quejarte.

Abandona a tu audiencia, tanto interna como externa.

Déjate llevar con la confianza de los ojos abiertos, sabiendo que estás permitiendo una purificación necesaria.

Deja de volver a publicar el salto que sabes que estás listo para dar.

Estar dispuesto a morir.

Estar tan preparado para morir que vuestra vida brille con compasión despiadadamente amorosa.

Sea dramático si ayuda. Calle si ayuda. Sea indignante si ayuda.

Haga lo que tenga que hacer, dándose permiso total para participar sin inhibiciones en su acción, por incómodo o doloroso que sea.

Respire más y más vida en su confianza, cediendo deliberadamente a la sabiduría orgánica generada por el impulso mismo de dejarlo ir, sintiendo que vuestra fuente estalla y fluye a través de vosotros, hasta que sea obvio que es usted, absoluta y magníficamente obvio, sin motivos en espiral.

Vuestro propio contexto, celebrando simultáneamente tanto vuestra individualidad como vuestra identidad transcendental.

Si no va a poner todo en la línea, lo que tiene lo tendrá.

Si no arriesga todo, correrá el riesgo de osificar el caso de identidad errónea que ahora está sufriendo.

Llore un río, una tormenta, haga lo que sea que tenga que hacer.

Le reto a que lo apueste todo.

Al borde del colapso

Estos demonios que pensé estaban encerrados en las profundidades de mi propia mente han regresado.

De alguna manera escaparon y despertaron las pesadillas dentro de mi ser.

Estoy perdiendo, perdiendo el contacto con la realidad.

Perdiendo todo sabes, todo parece estar muy lejos.

Como si estuviera pasando justo delante de mí.

Desapareciendo por el aire.

¿Cómo sigo viviendo cuando siento que me muero cada segundo?

Y si lo piensas, ¿no? morimos por supuesto. Dentro de cada paso.

¿Entonces por qué?

¿Por qué sigo fingiendo que todo está bien?

Tratando de tragar mi propia tristeza como trago pastillas.

Como me trago tus mentiras.

Como me trago las esperanzas de la persona en la que me gustaría convertirme.

¿Por qué siento esta hambre de ser perfecta?

Buscando gratificación instantánea como si eso fuera a enmascarar lo rota que me he vuelto.

Estas alas frágiles ya no pueden llevar más.

El equipaje. Yo mismo.

¿Cómo me veo en el espejo sin preguntarme más de una vez quién soy?

He perdido el contacto con mi propia imagen como si nunca hubiera conocido a esta persona. Un extraño.

¿Cómo recuerdo quién soy sin hacer un lío más grande para tratar de borrar las huellas de los pasos y giros equivocados que tomé?

¿Cómo recuerdo por qué?

Por qué estoy aquí, por qué estás aquí pero no conmigo.

¿Cómo recuerdo cómo llegué a este punto?

Donde mi cuerpo está aquí pero mi mente se ha ido.

¿Cómo lo recuerdo para poder encontrarme? Encontrarme de nuevo.

¿Cuál es el precio de tu libertad?

Tengo tantas ganas de rasgarte la piel muerta con mis palabras.

De besar cada una de tus heridas para que sane más rápido.

Aun sabiendo que no podre quitar las marcas que dejan en ti.

Tengo ganas de que enciendas la luz y no solo sea la del cuarto.

Si no la que hay dentro de ti.

Cuánto tiempo te seguirás alimentando de todas las mentiras que te dicen los demás.

Cuando, te darás cuenta de que eres sabia y que no tienes que aparentar para impresionar.

Suficiente tienes con no agradarte a ti misma.

Porque no sacas todo lo que hiere, todo lo que asfixia, todo lo que ya no necesitas.

Escupe y vomita, escupe y vomita, escupe y vomita.

Déjalo ir.

Déjate ir.

Lo que fuiste, lo que piensas que te define, ya no lo necesitas.

Sal del capullo que lleva cargando las alas bonitas que llevas como brazos y emprende el viaje.

Bendita Maldad

Han pasado meses desde que te deje ir, y no sabes cuánto te extraño.

Los otros me dicen que deje de añorar tu regreso.

Que la vida es mejor sin ti a mi lado.

Los otros creen que me manipulas a hacer cosas que no me nacerían si tú no estás presente.

Tengo miedo, porque a mí me agrada la adrenalina después de cada acción, que hago a base de ti.

Es como si cada vez que estoy en tu piel, me inyectara substancias en las venas e intensa energía se moviera entre mis células.

Necesito de ti porque me quitas el miedo aunque sea por un instante.

Contigo siento que puedo destruir, y que a veces eso es bueno.

Porque para darle espacio a alguien más hay que derrumbar ciertos pedazos.

Por fin entiendo que decir que no, ponerme barreras para no salir herida, decir lo que pienso aun cuando los otros se ofendan, no me hará mala.

Por fin entiendo que nunca nada se reemplaza pero se mejora.

Y contigo puedo ponerme la piel de la maldad.

Donde la misericordia y la culpa no me hablen.

Cuando te descubras

Estás atrapado en tu propia burbuja.
¿Los demás qué pensarán de ti?
¿Creen que eres bueno o malo?
Sin embargo lo único que realmente importa es como tú te mires.
Sé que estás en la búsqueda de saber más, de entender más.
Que te sientes perdido en un espiral de ideas.
Debes matar todo aquello que crees que te forma.
El viaje más duro es el que harás a través de ti.
Morir y renacer.
¿Te imaginas, deshacerte de las pieles que cargas?
¿De las diferentes personas que eres en los ojos de otros?
¿Te imaginas que tan ligero te sentirás, si tiras las rocas que cargas en los bolsillos, espalda y en el corazón?
Soltando de las dudas, del miedo, de los fracasos, del hambre por los logros y de las opiniones de otros...
¿Qué será de ti si te vieras más allá de carne y huesos?
Como un alma con una infinidad de posibilidades.
Como alguien que solo habita un cuerpo pero con la capacidad de crear vida a través de él.

Solo saltando al agujero y nadando con todas las pieles muertas, podrás tomar el impulso para reencarnar en una nueva forma.
Donde quizá serás alguien más maduro.
El día que te conozcas solo espero que por fin te puedas querer, aun sabiendo que tienes el poder de destruirte.
Ojala que te conozcas y conozcas el universo que llevas dentro.
Porque joder, no sé qué piensen los otros.

Pero cualquier alma que sea capaz de morir y regresar para servirles a otros, tiene unas malditas agallas.

Tú sin duda, eres alma de valiente.

Porque sé cuánto te ha costado dar cada paso.

Sé cuánto te ha costado obtener cada aliento.

Sé cuánto te ha costado pasar por la metamorfosis de ti.

Ojalá te descubras y quedé tan asombrado como yo.

Asesinato

Se supone que conforme vamos creciendo, vamos en constante evolución a una mejor o peor versión de nosotros mismos.

La vida es como un libro con varios capítulos entre las páginas, "entre las pieles" en este caso hablando de nosotros mismos.

Cada año, ¿quién en realidad se desviste?
¿Quién en realidad tira la piel usada que llevaron consigo mismos durante 365 días?

¿Porque a pesar de que diremos que cambiaremos, de tener propósitos cada primero del año o cada día que le damos otra vuelta a el sol, volvemos a dónde mismo?

Sería fácil destruir y tirar la tristeza, la culpa.
¿Pero aún seguiría siendo humano?
¿Seguiría siendo tú, si destruyes lo que piensas que te forma?

Al desnudo

Voltea y mira todas esas pieles.

Camina.

5 pasos hacia delante.

Uno, dos, tres, cuatro, cinco.

Ya casi llegas.

¿Lo ves?

¿Acaso no lo ves?

Desearía pararme frente a ti, para que nades en el iris de mis pupilas.

Solo así podrías ver el reflejo del espejo de mi alma.

Esa gema que miras... ¿si la vez?

Eres tú.

Quisiera que alguien te pudiese mostrar sin filtros lo que yo jodidamente perdida, no puedo dejar de ver.

Así con tu cabello mal peinado, con tu aliento de mañana, con calcetas diferentes y con los ojos de regalo.

Así tan simple como cuando tomas agua, cuando inhalas el bonito aroma del bosque en tu patio.

Así tan tú, con esas carcajadas que mueven plaquetas en la tierra.

Qué bonita dicha poder ver la transformación de alguien.

De verlos sin nada de ropa.

De ser solo almas coexistiendo en este bonito planeta.

En este bonito momento.

En el eterno ahora.

Deseo empaparme de ti y contigo de lo que estamos por crear.

Te quiero

Te quiero.

Te quiero como las plantas quieren a la lluvia.

Y también te quiero como una pareja que se dice todo sin siquiera hablar una palabra en voz alta.

Te quiero porque tú me vez por lo que soy y no por lo que deseo ser.

Te quiero porque me vez humana, imperfecta, hermosa, y extremadamente loca y no me juzgas.

Que vuestra locura encaja perfectamente bien.

Te quiero porque tu amor me ha ayudado a quererme a mí misma un poco más y a ser más compasiva conmigo como lo soy con otros.

Te quiero porque me sumas y me multiplicas, y eso, es más de lo que yo jamás hubiese podido pedirle a la vida.

La vida es como arte cuando estoy contigo.

Algunos días te pinto de azul con las lágrimas que desbordan de mis ojos por las historias que estoy soltando que ya no son mías.

Otros días te pinto de amarillo con mis besos sabor sol para que pruebes la luz.

Algunos, color verde con mi cabello despeinado para que recuerdes la naturaleza en vuestro interior.

Te quiero porque existen días que hay oscuridad y otros tan radiantes como el brillo de tus ojos.

Te quiero porque en medio de todo es un poco desordenado y aun así todo funciona, bien.

Te quiero y quiero quererte por un buen rato.

Y quiero quererte bien, que sientas que puedes llegar y desempacar tu alma y tus miedos en vez de llegar y estar listo para irte en cualquier momento.

Puedes quedarte el tiempo que necesites, porque te quiero.

Te quiero y te quiero sanamente.

Que si decides irte yo no te detendré.

La puerta está ahí sin seguro, para que sepas que puedes entrar y salir porque tú tienes la llave.

Te quiero y solo quiero quererte y que quieras y querernos juntos.

Brillando en esta llama eterna.

El murmullo

Le rogué que me mandara una señal fuerte.
De esas que realmente notas los cambios de la noche a la mañana.
Pero no lo hizo.
Pasaron días, quizá meses también.
Todo seguía igual.

La ansiedad empezó a repartirse dentro de mí,
Me la pasaba más tiempo pensando y menos tiempo disfrutando.
Tratando de que todo cambiase.
De controlar todo.

Fue entonces una noche de silencio que entendí, que el ruido más grande no era el de toda la ciudad ni más allá de ella.
El ruido más grande era el que venía dentro de mí.
Estaba dejándome ser manipulada por demonios a los que yo misma les di vida, pero esa noche ya estaba realmente cansada y solté de todo.
¿Te imaginas, estar buscando con un pañuelo en los ojos las respuestas que llevamos y que nosotros mismos cubrimos?

-A menudo me pregunto quién soy y muy pocas veces me miro al espejo y me digo,

"Que dicha de ser."

Metamorfosis

El proceso de convertirse en algo distinto,
La ruptura con lo antiguo a través del tiempo.
El momento siempre fugaz.
Sublime.

El hueco de todas las formas objetivas.
La reconfiguración de todas las normas.
Los elementos convergen y luego reaccionan,
Las orugas se tejen a sí mismas sus capullos,
El mundo modifica a cada momento su caja de información reunida.
Las polillas se desarrollan, a punto de dar vuelo para saludar a la luna.

La bóveda del cielo, destruida y reorganizada,
La esencia universal, encontrada en el cambio.

Prevención

Nunca pensé que pondrías una vara en mis costillas.

Mucho menos que tocarías corazón interior.

Nunca pensé estar despierta y poder soñar algo real.

Nunca pensé que me mantendría alejada de aquello que causa daño por mucho tiempo.

Nunca pensé que sería testigo de las paredes que se derrumban y se difunden en mis pies.

Nunca pensé que volvería a creer en mí.

Tomo estas frágiles alas y emprendo el viaje.

Yo no creo que jamás un enemigo reemplace algo querido.

Me alejo de cada sonrisa que termina cerca, que no es sincera, para retener lo que queda.

La cordura, como pensamientos, loran en silencio.

No quiero perderla por completo porque no siempre encuentras lo mismo dos veces.

Cambios

Los límites de mi cuerpo están borrosos.

Los extremos de mis dedos se mezclan y frotan en una piscina de aire circundante.

Los peinados de mi cabello brotan salvajemente como tallos, buscando como enredaderas algún brote de flores.

Me estoy expandiendo, por un momento.

Colapsando el siguiente.

Retrocediendo infinitamente hacia dentro.

Dibujando en mis extremidades.

Rocío todas mis reflexiones.

Sofoco mi aliento.

Meto palabras debajo de la lengua.

Algunos días debo silenciarme y encerrarme en la cámara de eco de mi mente,

reabsorbiendo las reverberaciones de los pensamientos amargos que he rechazado.

Mientras buscaba la paz tan agudamente fuera de mí.

Darse prisa

El capullo de la rutina deja esta metamorfosis estancada.
El miedo al cambio.
El aislamiento.
La lucha consiste en escapar, aún sin energía para intentar.

Caigo en la avalancha monótona de la rutina.
Sintiendo como si la vida me enseñara su desprecio.
Dejándome colgada en esta rama solitaria.

Luego alguien encuentra la rama, desprendiendo con cuidado y guardándola en un frasco de vidrio.

Tenemos la necesidad de escapar, la necesidad de probar, las deliciosas uvas de la libertad.
Darse prisa, salgamos por más.

El capullo

Buscando su brillo; una oruga perdida y solitaria.
Te encontró.
La ayudaste.
Otorgándole tiempo, para empezar a escalar.
La abrigaste, la transformaste.
Lo que le dio el poder de atravesar la tormenta.
Floreciendo.
Lejos de los miedos.
Lejos de las dudas.
Ahora ella tiene alas.
Es hora de cortar cuerdas sin mirar atrás.
Es hora de desempacar para finalmente encontrar su camino.
El cielo ya no estará lleno de grises.
Ella ya no le teme a la luna.
Esa mariposa disfrazada de mujer ya no necesita su capullo.

Profundidades

El fin esta cercas.
El terror llega invadiendo.
No permitas que la penumbra apague la llama, del sueño que arde dentro de ti.

La oscuridad querrá seducirte.
No caigas en la tentación o 'quizá sí, pero aprende la lección que conlleva.

Y cuándo por fin estés iluminado por el sol, en tu punto más brillante, la negrura te golpeara de nuevo.

El vértice será aún más alto.
Aunque tu energía se encuentre gastada, prométeme que seguirás adelante.

Justo cuando la cresta que ha alcanzado resbale y caiga, colgado de un clavo; mirando tu destino, libérate y lánzate contra el viento aunque ahora sea más duro.
No resistas en tomar vuelo a la vela; la elevación de tu espíritu.

El ojo es en el cenit, al lado de la serpiente; morderá.
Dejar que la pasión sea tu tónica.
Que queme a través de tus venas la piel que estás a punto de mudar.
La metamorfosis que ha cambiado el veneno de elixir.

Te hundirás en una trinchera profunda.

Lanza tu cordel hacia la luz.
Aunque no te quede ninguna fuerza, sigue caminando.
Quizá y te quedes sin aliento.
Pero estás en la cima.

Ahora, una luz fosforescente te envuelve.
Todo a tu alrededor pareciera que lo conviertes en oro.

Lanza la cuerda a aquellos que todavía están escalando y que han escalado el monte hacia el autoconocimiento.
Las cicatrices han aumentado mucho, créeme que lo sé.
El miedo ha sido una ilusión aquí.
El amor ha vencido.

Nunca pierdas la esperanza lo imploró.
La noche está en su punto más cruel para ver el sol.
Para verte a ti.
El pináculo es la magia.
Tú eres el pináculo.
Tú eres la magia.

Tú lo tienes todo

Esa sonrisa que llevas te luce bien, me dicen.

Seguro estás enamorada, si seguro eso es.

¿Quién es? ¿Cómo se llama?

¿Pero porque? ¿Porque tengo que estar en una comunión romántica con alguien para poder sonreír?

Si tengo una sonrisa es porque esta mañana pude escuchar el canto de las aves.

Si tengo una sonrisa es porque hoy aún tenía jabón para lavar la ropa.

Si tengo una sonrisa es porque aún había azúcar para el café.

Si tengo una sonrisa es porque pude darle un abrazo a mi madre.

Si tengo una sonrisa tal vez no siempre sea por alguien.

Pero sé que no necesitas de alguien para tenerla.

Al final del día me tengo a mí y estoy en el eterno ahora con todos los seres vivos y no vivos.

Y ahora que lo pienso si estoy enamorada. De la vida. **De mí.**

Hay quienes te dirán que no puedes equivocarte.

Pero tú no los escuches.

Eres humano y tienes derecho a no ser perfecto.

A cada segundo de cada día tu estas en una constante metamorfosis.

Caerse y equivocarse está bien pero no te rindas.

Cuando sientas que estás descendiendo no te arrincones en la jaula de tu mente.

Toma ese impulso para empujarte 10 pasos hacia adelante.

No hay nada más temeroso que alguien valiente dispuesto a pelear con las garras o de rodillas por perseguir sus sueños.

No todos la tienen fácil así que te pido que trabajes día con día hasta conseguir lo que quieres.

Que lo bien honrado no viene fácil y lo fácil no dura demasiado.

Porque todo lo que viene en un momento se tiene que ir o se pierde en el transcurso.

Así que sigue, que al final todo valdrá la pena.

-¿Y por tus sueños que eres capaz de hacer?

Estamos perdidos

Estamos perdidos en la repetición de palabras.
Pensamos demasiado y sentimos muy poco.
Viviendo en un mundo de ilusiones.
Perdiendo el toque con la realidad.

Pensar no es malo, ¿pero echarse un clavado a un mar del cual no puedes salir, vale la pena?
Nos perdemos tanto en nuestras mentes que perdemos el toque hasta con nosotros mismos.
De nuestros sentimientos.
Pensar es bueno; como todo, si evitas el exceso.

¿Qué es la realidad?
La realidad no puede explicarse con palabras.
Debemos vivir para poder seguir. Sentir, reír, amar, llorar.
Es tiempo, de despertar.

Cuando se alejen de ti

Deja de castigarte cuando alguien se aleja. Deja de preguntarte si te quiere o no y empieza a preguntarte si te quieres tú. Que vales demasiado la pena. Si te dejas sentir empezaras a vivir la vida en su amplitud. Ya no vuelvas a ilusionarte en un amor no correspondido por falta de amor de ti mismo. Deja de mirarte al espejo y mirarte como enemigo. Que vaya si eres inteligente, como aliado te tendrás.

Yo pienso que es tiempo de que te perdones tanto como perdonas a los demás. Tú te mereces otra oportunidad para hacer las cosas mejores. Tú te mereces todo ese amor que le das a todos. Ya deja de herirte tanto y amate un poco más. Yo sé que vas a levantarte firme y que dejaras de doler. Talvez no mañana pero algún día, joder.

Cuando por fin te atrevas, cruzaras la puerta superando todo hasta a tu peor enemigo. Seguirás con la misma piel pero no siendo el mismo. Todo acabara. El dolor se ira. Perdónate para que estés en paz con todos y contigo mismo.

Lo que mereces

Deseo que empieces a contribuir en el mundo que deseas vivir.

Que dejes de ser una mente que dependa de la aprobación y opinión de otros.

Que aguantes la tormenta, los desastres y que si te equivocas que sepas que está bien.

Acepta y corrige.

No huyas del encuentro.

Abre las alas y sumérgete en el infierno.

Sé que al fin tendrás visión estando en la oscuridad.

Ya que en el abismo mental, por fin querrás alzarte hacia el cielo.

Donde miraras lo que pocos han visto.

Se coherente y valiente, a la vida que mereces.

**Nos detectan una enfermedad;
querer vivir en libertad.**

Si es la única opción.

Desaparece sin que te lo prohíban.

Vete para que salves tu calma.

Que alma cuando se rompe, es una tarea ardua; el volverse a encontrar.

Muere.

Muere mil veces si es necesario, para que puedas vivir.

Es tu voluntad la responsable del apego o la liberación.

¿Porque creas?

Crea cuando estés vivo y no sólo existiendo.
Crea para que vueles alto.

Recuerda, que eres **<Valentía>**.
Que aquellos que le temen al amor son porque nunca han sido heridos ni sumergidos en ese sentimiento inexplicable.
Tú ya estás listo para el combate.

Te digo que crees.
 Porque cuando creas, proclamas libertad.
Mente de revolución.

Estás vivo mientras creas.
Pasas vida con cada vez que con tus manos tu tocas algo.
Estas vivo y todos te necesitamos aquí.

Somos sinfonías perdidas

Cuando me pierdo en ti, el abismo de los rostros se hace lúgubre.

Me das adrenalina en los roces.

Tu alma lasciva y con tu risa desordenada; ahí me tienes sin orden ni control.

Aquí me tienes como quieres o sin querer.

El corazón no sabe amar.

O quizá, nunca lo aprendimos bien.

Quiero ir a casa

Tengo ganas de volver a casa.

Deseo volver a donde cuyo dilema sea cual semilla plantar pero si saber echarles agua.

En estos tiempos algunos siguen ahí, tan durmientes.

Aun aquí, tan dependientes del amor.

Esfuerzo sucio y sin esfuerzo en las personas.

¿Dónde ha quedado la complicidad?

Regalando flores hechas de plástico porque así podemos prometer que el amor no desaparece.

Mirando a los demás como un cristal roto con cinta adhesiva, intentando seguir.

Ahora las camas parecen tener más pasajeros día a día que las aerolíneas.

Todos buscándose y terminando vacíos.

Hay días que no encuentro el camino y solo queda inyectarme los recuerdos con alcohol.

Mientras me fumo las ganas de querer volver a casa.

Mientras exhalo y todo deseo de ser aquella pequeña que al no saber tanto era más libre; se esfuma.

Lo que aprendí

Me has hecho creyente de los mitos, porque en la sangre llevas los secretos de las luces de colores.

Me has hecho querer vivir sin instrucciones.
Con principio sin final.

Me haces perder la cordura en el mar de oportunidades inciertas.

Me haces desaprender todo lo que creía saber.
Para volver a leer todo.
Para volver a leerte a ti.

Hasta recuperar la confianza

Desconfió, porque a veces, ni nosotros mismos podemos cumplir una promesa.

Desconfió, porque quizá, lo único que puede salvarnos de los destrozos, somos nosotros mismos.

Es hora, de dejar de ser esclavos a nuestros propios demonios.

Es hora, de dejar de proyectar inseguridades en otros seres.

Abramos los ojos al abismo.

Sumerjámonos en los sueños.

Resolvámonos.

Encuéntrate;

Está en el rechazo de la sociedad.
En la destreza que produce el vacío.
En la pasión.
En el poder de crear realidad y ficción.
En la razón.
En el corazón.
En la música.
En los ojos.
En ti.

Eres la telaraña y la araña,
El buque y la luz,
La gota y el océano,
La magia y el mago,
Lo finito y lo infinito,
Eres nada y lo eres todo.

-Despierta a tu verdadera identidad

¿Qué sucede?

Hay días que no entiendo al ser humano.
No es consiente.
No concuerda.
Es simple, he conformista y se rodea de ficción.
La realidad es mucho para digerir, sabes.

Sufre, no se permite su salvación en este juego de mortales.
Teme, evitando las palpadas del corazón he huye de su naturaleza.

¿De qué sirve despertar, si andarás por ahí, con la mente dormida?
¿De qué sirve esperarse a **<estar listo>** en el amor, si en otra vida tal vez no estemos cercas de esa persona que hoy en día nos da lo mejor de sí?

¿Y si el tren no vuelve?

¿Que si el último asiento vacío lo llenó alguien quien sí aprovechó la oportunidad?

¿Qué si al bajarse en la estación lo estaba esperando el destino que tanto deseabas?

Ese que creías tener tu nombre, pero que por miedo y dudas, no subiste; **dejándolo ir.**

Los héroes que nadie ve

Podríamos fallarnos queriendo o sin querer.

Podríamos destruirnos aun siendo viejos o desde cero cuando nos acabamos de construir.

Ya no podemos alejarnos de aquello que a pesar de no ser perfecto, nos hace bien.

Reafirmando que héroes en los que nadie cree, existen.

Que las alas te las pintan con arte, música y amor.

Que te inspiran en cada aliento para ser mejor.

Que he tenido la dicha de conocer héroes, uno de ellos; tu.

Bella flor

Parece que uno siempre atrae lo que no es bueno para ellos. Como si estuviéramos buscando nuestra propia muerte. Como si voluntariamente pusiéramos el arma entre las manos. Como si dijéramos voluntariamente "Oye mírame. Yo, yo, yo. Elígeme". Como si decidiéramos irnos sin decir adiós. Las despedidas son difíciles, pero más difíciles cuando no puedes explicarlas. Cuando no hay razón para una. Y sin embargo, desapareció. Un disco rayado. La misma canción de cuna. ¿O es un grito para hacer temblar la tierra? Para que finalmente puedas escuchar. Escuchar los gritos y las advertencias que se han gritado. Porque no queremos ser otra que no vuelve a sus seres queridos. Otra que no logra cumplir los sueños que hay allí, esperando ser atendidos. Pero te llevaste. Dejándonos hambrientas. Hambrientas de vivir. Me temo que a veces nuestras muertes serán en vano. No podemos dejar que sean en vano. Dejo que las palabras florezcan a través de mí, para ti, para que puedas sentir este trueno. Porque soy la voz de mi hermana, de mi madre, de mi abuela, mis vecinas y mis tatarabuelas. Soy la voz de la madre naturaleza. Soy la voz, y me aseguraré de que no solo la oigas, sino que la escuches. Porque hemos perdido demasiadas enfermeras, maestras, bailarinas, amigas, hermanas, madres. No podemos perder una más porque es mejor que confíes en que si una más cae, nos aseguraremos de que todo lo que has construido no solo se caiga, sino que desaparezca de la misma manera que nos haces desaparecer, como si nunca hubiéramos existido. Pero bueno, todavía estoy aquí. Todavía estamos aquí preparadas para esta guerra en curso que parece no tener fin. Todavía estamos aquí y seguiremos haciendo el caos hasta que un día finalmente valores la belleza que podemos ofrecer sin que sientas que nuestra existencia disminuye la tuya. Todavía estamos aquí y seguiremos gritando, quemando y destruyendo hasta que finalmente dejen de elegir por nosotras cuando es vuestro derecho. Vivir. Amar. Pido disculpas por todas las veces que no estuve allí para una de mis damas, pero saber que siempre las tengo en cuenta. Esperando que lleguen a casa a salvo. Esperando que vayan a trabajar sin ser seguidas. Esperando que usen lo que quieran sin tener miedo de las consecuencias que la ropa puede traer. Esperando que no aparezca la ansiedad de un mensaje de texto tuyo que estas en peligro o desaparecida. Pido disculpas si no he gritado lo suficiente, pero lo estoy intentando y me aseguraré de que tu voz no desaparezca. Porque incluso si cortan nuestras lenguas, olvidaron que estamos conectados, incluso si cortan un árbol, las raíces siguen ahí. En lo profundo de los terrenos. Pueden pensar que nos están enterrando más profundo para nosotros, ni siquiera un rastro dejar. Sin embargo, solo nos están ayudando a estar más arraigadas, y somos tierra, fuego, aire y agua. Los elementos completos. Todo el maldito universo de Dios. Y nadie les dio el poder de ser superior. Nadie les dio el poder de poseer nuestros cuerpos. ¡Ni una más, ni una más, ni una más! Somos las leonas. Este es nuestro rugido.

-Mujeres, hermanas, diosas, este es nuestro tiempo, nuestro momento para sanar y empoderarnos. Guiando hacia una energía más femenina donde aquellos que no sientan que somos amenaza están bienvenidos.

Para levantarnos en una manera unísona. No más separación, no más muertes; Ya que en el corazón sabemos que somos una/o

Tus deseos deben ser respetados

El consentimiento SIEMPRE es atractivo.

Las personas siempre deben de preguntar.

Si uno/a de ustedes se siente incómoda en cualquier punto, vosotros tenéis el derecho de parar, no importa donde, no importa cuando, y no importa con quien.

Vosotros tenéis el derecho de no tener ganas.

Tenéis derecho de poner barreras.

Todo es de poder tener esa conexión y mantener ese espacio sagrado donde os sentimos a salvo.

Vosotros somos un ser divino.

Libres de poder expresarnos.

Cualquier sentimiento o pensamiento no expresado puede llevarnos a bloqueos de energía en vuestro cuerpo.

Si alguien te hizo algo que no te gusto decírselo.

Porque cuando no callas le das esperanza a otros que han callado para poder alzar la voz.

Porque cuando no callas podemos detectar a estas personas para que no exista otra víctima.

Juntos nos levantamos.

Juntos continuamos en esta lucha constante para un día volver a ser vosotros de nuevo.

Para volver amar

El amor es un estado de SER.

El amor reside dentro de nosotros.

Así que nadie puede arrebatártelo.

No intentes recuperar los trozos porque tú tienes el poder de volver a construirte de nuevo.

Volver a crecer el amor desde tu centro.

Solo así podrás compartirlo con el universo en su totalidad.

Tú y yo

Me gustaría ser la que celebre tu éxito.
Me gustaría ser la que se siente contigo cuando fracases.
Vivir sin miedo, hiriéndonos sin intención.
Cicatrizar mutuamente.
Tú en mi piel.
Yo en tu piel.

Quiero arder contigo y volvernos polvo.
Convirtiéndonos en nada, y en todo.
Quiero realzar el caos, desvanecer y darte la bienvenida al mundo otra vez.

Para ti; mi corazón

Puse mi corazón en las manos de los demás como si no tuviera miedo de lo que son capaces de hacer con él.
¿Puedes imaginar?
¿Regalando tu corazón?
¿Sabiendo que será arrojado y girado o tal vez roto?
¿Te imaginas en cuántas piezas se romperá?
¿Te imaginas cuántos latidos le faltarían si dejas que otros hagan lo que quisieran?

Muchos de nosotros ponemos nuestros corazones en jaulas con la intención de no sufrir ningún dolor.
Incluso lo he hecho de vez en cuando.

Sin embargo, hay momentos en que tengo el pecho abierto y de buena gana sacaré mi corazón para tratar de separarlo.
Entregándome pieza por pieza.

Y si me preguntas por qué hago eso, te diré que prefiero sentir cada ira y dolor por el amor deshonesto y la felicidad cubierta.

Quiero cada emoción, todo el paquete porque incluso entre las grietas puede florecer la más hermosa de las malas hierbas y flores.

Dame una olla de oro y no la tomaré.
Porque sé que nada viene fácil y lo que viene fácil puede escaparse fácilmente de nuestro alcance.
Las cosas van y vienen y los apegos causan dolor.

Me dejé llevar y me dejé llevar en otras manos con la intención de que si sienten incluso un pequeño porcentaje de lo que he sentido, tal vez, quizás perdonen y sientan el peso del mundo en cada latido.

Quizás dejen de temer porque sentir es ser humano.

Ninguna cantidad de protección puede protegerte del dolor.
Así que prefiero sentir que estar insensible.

Prefiero romper que estar libre de daños.
Solo entonces sé que realmente viví.

Por la Tierra

Busqué curación.
Probé todo y sin embargo, nada parecía funcionar.
Todo el peso que llevaba cargando, empezaba a ser insoportable.
Comencé un viaje.
Solo para averiguar que lo más importante no es estar en la línea de meta, es valorar todos los pequeños detalles que me llevaron allí.
Empezando por mí.
Dándome cuenta de toda la fuerza, coraje y determinación.

Me subestime a mí misma y me deje llevar por la ideología que crea la mayoría de la sociedad.
Perdí mi autenticidad.
Perdí la conexión con mis raíces.
Si todo el universo está dentro de mí y soy uno con la tierra,
¿Por qué me siento tan perdida?
¿Por qué me siento tan rota?

La naturaleza me llama.
Su esencia me hipnotiza.
Quiero que la luz del sol penetre mis poros.
Para encender la luz que hay en mí.
La luz que se apagó.
Quiero rehidratarme con sus fluidos para sanarme con la medicina que contiene.
Quiero que me calme con su silencio para poder pensar claramente.
Quiero alimentarme de sus frutos para seguir adelante a pesar de lo sabroso y amargo de la vida.

Quiero que me abra caminos cuando me sienta perdida.

Cuando me siento sola me muestra cada reflejo de mí.
Solo para que me dé cuenta que siempre me tendré.
Que el fuego está en mí y en mis pasiones.
Que soy arte.
Que puedo hablar vida a cualquier cosa.
Que la medicina para sanar la puedo recibir.

Así que me desconecto de la realidad para conectarme con ella.
Me consuelo en su belleza.
En su dulce aroma femenino.
En la delicadeza de su canto.

Me susurra cada noche mensajes escondidos en el viento.
Y hasta apenas hace poco los he ido entendiendo.
Que no tengo que buscar casa cuando tengo todo un mundo adentro y a mí alrededor.

Me muestra su autenticidad.
También su oscuridad
Observo el desastre que hemos creado de ella y me enfado.
Pues yo también he sido parte de esto.
Encuentro resonancia en su desastre y observo en lo yo me he convertido.

En este momento presente nos sincronizaremos para ser solo uno.
Y sanar a través dela riqueza de soltar.

De fluir con los cambios.

Todo lo que es, soy yo.
Me ocuparé de ella.
Cuidare de sus tierras, tú también deberías unirte.

Han cambiado los papeles.

¿Recuerdas?

Cuando antes éramos menos vacíos; llenos de infancia.

Antes cuando éramos coloridos y perecederos.

Cuando nos lanzábamos con desespero.

Antes de cometer tantos errores.

Hoy los papeles han cambiado y en el cambio, nosotros.

Extrañamos ese hogar donde andar despeinado no daba pena.

Hoy intentamos sanar y estar en paz con eso en los que nos hemos convertido

Hoy queremos deshumanizarnos por siempre para volvernos infinitos.

Para nunca más volver a tener miedo.

El dilema

Amamos en vano, somos bocados al alma desesperada.

El arte nos hace volar mientras que los dogmas nos asesinan.

Es hora de reventar, sacando hasta lo que no tiene sentido.

Brotemos flores al gritar.

¡Ahhhhhhh!

Porque tenemos tanta vida que llevamos dentro.

Debemos actuar, porque la verdad es que no logro explicarme ¿Qué sentido tiene disparar maldad para poder sentir?

¿Qué sentido tiene ver a alguien más sufrir?

¿Si la única guerra con la que estamos, es la paz que nunca existió?

¿Si la única guerra es la que está en nuestro interior?

De repente

Así sin más un día empiezas a tejerte en mi memoria, volviéndote único entre mis recuerdos.

Llegas y te apoderas con tu espíritu de inefable viajero.

Estaba perdida hasta que me encontraste, o con la promesa de descubrirme a través de ti.

Recuerdo como tus ojos se tornaban hipnóticos y como alcanzaban el salvajismo de la libertad.

Ambos teníamos el afán por volar y hacer revolución con nuestro amor.

Esta complicidad mutua.

Brillabas tanto como la luna.

Brillabas de esperanza.

Y yo ahí observándote con tremenda admiración.

En ti encontré el hogar de la felicidad.

Imperfecto de alma infinita.

Vestido de humildad.

Fiel a su seguridad.

Coincidimos en ese momento.

Debatiendo el tiempo.

La realización de der uno.

La realización de que me has salvado.

La realización de que te salve y aun así te fuiste

Se empiezan a tejer los recuerdos y me doy cuenta que no fuiste tú.

Fui yo.

Me salve.

Sigue remando, que estaré bien.

Cuando nos enamoramos hacemos locuras.

O amenos cuando creemos enamorarnos.

Estamos en una era dónde es muy difícil tener privacidad.

Algunos caen en la trampa y pues hoy es tan difícil mantener algún secreto.

Si buscas algo casi siempre está ahí, solo que a veces somos muy ciegos para ver lo que sucede.

Y por fin lo entendí.

Que de lejos estamos mejor.

Que la distancia entre nosotros me sirve para no buscarte.

Me duele, cada palpitar siento como si me encajaran mil flechas en la espalda.

Te quiero, pero sé que entre más lo hago menos me quieres tú.

Entre más cuido este sentimiento mutuo que alguna vez surgió, más difícil es de conservarlo.

La verdad es que no hice nada malo, ni tú tampoco.

Simplemente solo fue un momento en el tiempo.

El error más grande que podemos hacer es aferrarnos.

Sé que dicen que te tienes que aferrar a lo que quieres.

Pero a veces tenemos que soltar y dejarnos llevar por la marea hasta terminar perdidos y sin nada.

Talvez en un futuro la brújula nos lleve por las mismas aguas.

Para sumergirnos en el mar como lo hicimos alguna vez.

Pero ya no te intentaré detener de emprender tu viaje.

Sé que tú vida será un tsunami de emociones, de aventuras y destinos.

Sé que estaré bien sola.

Porque así como necesitamos la compañía también necesitamos la soledad.

Lo único triste es que te fuiste y no me pude despedir.

Pero donde quiera que te encuentres, espero que estés viviendo la vida que mereces.

¿Qué no lo ves?

¿Acaso no quieres saber la verdad absoluta del amor, salir por la calle salvajemente obteniendo corazones en tus manos mientras los rosas delicadamente con las yemas de tus dedos, escuchar los gritos de ayuda de los demás, envolviéndote en su destreza y darles una lámpara para que los acompañe en su oscuridad?

¿Acaso no quieres saber la verdad en este mundo tan nuestro, tan tuyo y de nadie?

En tu nombre, rezo.

Hoy, me ha nacido un sentimiento extraño.

Me doy cuenta que en cada pensamiento deseo que te vayas a manifestar en mi camino.

Porque la verdad es, que gracias a ti empecé a creer en la vida de nuevo.

Cada respirar, de cada momento y de cada hora, vivo desde tu esencia.

Pido que me toques, aunque sea un roce solamente.

Que lo hagas con esa magia que solo tú tienes.

Porque si me has hecho sentir todo cuando antes no sentía nada.

Sé que puedes hacerlo una y otra vez.

Lléname de sanidad con el poder que nace desde tu espíritu.

Quiero volver a sentir que enmiendas hasta lo más quebrantable en mi interior.

Re-constrúyeme, porque no tienes idea de cuánto deseo sentirme con ganas de vivir.

Ayúdame a encontrar el camino para abandonar todo lo malo a mí alrededor.

Regenera mí cuerpo para que trabaje de nuevo en su mayor potencial.

Sintiendo todo de la manera que fue creado a sentir.

Por favor ayúdame a sanar aunque sea por un pequeño momento, porque aún no estoy lista para soltarte pero necesito que me ayudes porque no encuentro el camino.

Ayúdame para poder servirles a los demás.

Para amar y enseñar a otros el camino como tú me lo has enseñaste a mí.

Porque llegaste cuando no tenía la intención de buscarte y hoy que no encuentro la salida, pido encontrarte una vez más.

Pido encontrarte porque me siento tan perdida.

Porque me hundo en la agonía.

Triste y vacía….

Pido encontrarte y *pido encontrarme más bien.*

¿Para qué estamos aquí?

Estamos aquí para entendernos a nosotros mismos.

No estamos aquí para ser entendidos.

Aprende a evolucionar sin pedirte perdón.

El cambio es un síntoma importante de crecimiento.

Nutre tu proceso natural sobre el logro de las expectativas exteriores.

Tú muda de tu piel tan delicada y poéticamente...

Continua, desnudando tu alma.

¿Que es el amor?

Amor es libertad.

Amor es perderte tan profundo en la imaginación salvaje de tu niño interior.

Que su sueño se vuelve el mundo en el que ahora vives.

Amor es probar el aire y los colores naranjas en un atardecer.

Amor es lo cálido en tu pecho cuando experimentas un momento sumamente divino que es tan bueno para ser verdad.

Amor es cuando alguien te observa y no se voltea aun así a pesar que te hayas dado cuenta.

Amor es desorden.

Amor es ser vulnerable.

Amor es ser humano.

Amor es los ríos que caen de tus ojos cuando estás tan agotado de guardarlo todo dentro.

Derritiendo las paredes hasta que lo único que pueda son los pedazos del ritmo de un corazón roto en un millón de piezas.

Pero que a pesar de todo aún sigue latiendo. Produciendo música.

Amor es tu ser interno sabiendo que todo, en realidad estará bien.

Aunque la mayoría del tiempo se siente como si no lo estará.

Amor es ser sostenido en los brazos de tu alma.

Ese sentimiento de soledad que no se siente como estar solo.

Porque os podéis ver en todo lo que os rodea.

Amor es el vacío desbordante.

Amor es todo lo que es.

Amor.

Tú eres amor.

Yo soy amor.

Somos uno.

Por siempre.

Lo que puedes ser

Regalamos nuestro tiempo y nuestro cuerpo.

Pensando que queremos sexo, cuan en realidad a veces lo único que queremos es intimidad.

Que nos miren.

Que nos admiren.

Que nos sonrían.

Que se rían con nosotros y no de nosotros.

Que nos toquen no solo el cuerpo sino el corazón.

Queremos alguien con quien sentirnos seguros.

Y la verdad es que no siento que debamos seguir repartiéndonos con tal de sentir algo.

Porque quizá este momento es todo lo que tenemos.

Y aun así, si lo pensamos, este momento también está a punto de morir.

La vida y la muerte entrelazadas en este instante.

Dejar que el pasado sea solo eso y sumergirnos en esta ola de posibilidades inciertas.

Empapándonos de las diferentes posibilidades que están a punto de emerger en la infinidad sin tiempo.

Infinito

Somos arte de lo infinito.
No somos nuestro cuerpo.
¿Entonces donde nos encontramos en nuestro buque?

Todos somos parte de las olas en este océano de la vida.
Todos somos uno.

¿Qué es lo que te hace a ti ser tú y a mi ser mí?

¿Tu identidad es tu verdadera fuente de saber quién eres?
¿Qué es la identidad?

Estamos constantemente pensando diferente, creyendo diferente.
Nuestra identidad por lo pronto, ¿se queda igual?...

Amar en libertad

Cuando encuentras a alguien que ama la libertad, se siente una plenitud tan grande.

Aquella persona que abre un espacio para que te expreses al desnudo, con total honestidad.

Aquella persona que abraza tu vulnerabilidad y que no desea modificar ninguna parte de ti.

Aquella persona que disfruta totalmente de tu compañía a pesar de que sabe que el presente es ahora; este momento y que no pretende conservarte para el futuro si tu elección es irte.

-Es tan bello rendirse mientras observas los pedazos de tu vida regresar a la paz a través de sincronizaciones espontaneas y la fe a ciegas te empuja a lo salvaje de lo desconocido.

Lo que sucede

En ocasiones la vida se complica antes de que mejore.

Como seres humanos en este mundo tan bellamente caótico, nuestra existencia esta tejida por hilachas de permanencia delicada.

El cambio es lo único constante.

Estamos atrapados en el estado permanente de lo que podemos ser.

Respirando la creación a través de nuestros pulmones.

Lo que si tiene sentido en esta matriz eterna de metamorfosis es que la oscuridad es esencial para nuestra evolución.

Nuestra alma tiene hambre de experiencias que le sacien su crecimiento y en ocasiones las verdades y los momentos de incomodidad.

Aprende a enamorarte de lo incierto, y te aseguro que iras en un viaje como ninguno.

Deja que tus miedos exciten en lugar de que te aíslen.

Hay que hacer las cosas por la recompensa de nuestro futuro yo.

No por la gratificación instantánea de nuestro ego.

Tú eliges

En la ignorancia callamos.
En la sabiduría aprendemos a escuchar.
En el ruido silenciamos.

Cuando algo no entendemos hay que preguntar.
Si aún hay dudas, debemos volver a preguntar.

Cuando falle la aceptación habrá que explicar con bases y fundamentos.
No hay que ridiculizarnos.

Aquellos que se burlen de otros solo muestran su auto desamor, sus complejos, su auto desconocimiento y su absoluta oscuridad.

Tenemos que recordar en que era nos encontramos.
Tenemos dos opciones: ascender o descender.

¿Cómo manifestar?

Deja ir de todo lo que crees saber.

En el momento que nos enganchamos a una creencia aunque sea positiva, nos empezamos a limitar.

Debemos dejar ir y estar abiertos a todo lo que no conocemos, a lo incierto.

Somos seres con potencial infinito y posibilidades sin limitaciones, en constante expansión.

¡Hay que vivir!

La única manera de salir es entrar

La única manera de escapar es adentrarnos.

A través de la aceptación incondicional de lo que es rendirse.

Sintiendo todos vuestros miedos pero teniendo la fuerza de hablar aunque la voz os tiemble.

La oscuridad solo desvanecerá cuando invoquemos al coraje a que nos acoja y agradezcamos por todo lo que nos ha enseñado y luego soltemos.

La libertad es nuestro derecho.

Dejemos de auto sabotearnos y escuchar a aquellos que solo añoran.

Escalemos.

Confiemos.

-Ama simple y sencillamente por amar.

Porque todos tenemos vuestro propio desastre.

Te hundirás.

Te hundirás si esperas más de lo que puedes obtener.

¿Realmente vale la pena?

No permitas que todo aquello negativo que te rodea exteriormente cree tu estado emocional actual.

Cualquier emoción negativa es solo la distancia entre donde estas y donde tu ser más alto ya se ha expandido.

Todo estará bien, enserió

Simple. Derrítete en la perfección de este momento.
Desenreda las historias que dejen a tu alma con hambre.
Poco a poco suelta la ilusión del control,
Deja que se deslice por tus dedos mientras haces el cambio.
Deja que tu mente pruebe el néctar de la divinidad.
Paseando en las profundidades de tus pulmones.
Inhala amor.
Exhala Miedo.
Estas a salvo aquí.
Descansa en el refugio de tu respirar.
Aprende a ser tierno mientras te transformas.
Vive gentilmente y camina ligero.
Olas de frecuencias angelicales se desenvuelven de nuestra madre Tierra en un pañuelo cósmico de protección divina,
Cuando escuchas a los que hablan sin hablar.
Sabes que el amor ya ha triunfado.
Así que decide permanecer anclada en la belleza que la tierra bajo ti te acoge sin esfuerzo.
Las estrellas, los árboles, el océano, todo; carga sabiduría infinita más allá de este mundo tan pequeño.
Mirad a través de la superficie.
Dejad que los paños se caigan.
Somos eternos por naturaleza.
Profundamente entrelazados por la divinidad.
Siempre libres.
Dejad que la rendición se vuelva nuestro santuario.

Silencio

En el silencio y en la inmovilidad puedo probar la libertad que perdura en la liberación.

Danzo y lloro y rio ante el misterio de esta existencia humana.

Sostengo mi pasado herido con comprensión.

El perdón fluye a través de mí como la lluvia de verano y las historias de miedo.

Desato mis alas mientras me levanto.

Levanto a otros.

Mientras mi luz se hace más fuerte, la Tierra se ilumina.

El silencio es mi salvación.

El silencio es mi medicina.

Mi cura.

Constantemente trayéndome de regreso a casa.

Sin importar que tan lejos me llegue a alejar de las profundidades de mi mente y de mi alma.

Siempre recordándome quien soy.

Vivir al día

Se supone que las historias comienzan con la introducción.

En un lugar donde no estamos tan rotos.

Donde no sentimos que nos hemos quedado sin hablar.

Sin embargo, con el tiempo, la mayoría de las veces el comienzo de algo es cuando otro parece estar en fin.

Comenzamos con el problema.

Sin embargo, a veces el problema no es más que una oportunidad para volver a conectarnos con nosotros mismos a la raíz.

Para dejar que nuestra intuición nos guíe, de vuelta a casa; para que nosotros sanemos.

Porque cuando sanamos, a pesar de que no es un paseo por el parque, cortamos el ciclo.

Sanando a nuestros ancestros, nuestra familia y generaciones.

Cuando mi luz sigue brillando, ilumino el camino de otros y como colectivo seguimos subiendo.

Divinamente tejidos, porque incluso si no conoces a alguien o por lo que realmente pasó; todos somos personajes en este libro de la vida.

Si se dieran el tiempo para leer el capítulo de todos, entonces tal vez, tal vez lo pensaríamos dos veces antes de juzgar y poner grandes cargas en el pecho del otro.

Pero no, en lugar de ser colectivamente uno, elegimos hacernos daño mutuamente.

Perdiéndonos a nosotros mismos.

Perdiendo nuestro camino.

Tratando de escapar.

Huyendo.

Huyendo.

Hemos olvidado que la única salida está adentro.

Que para poder nadar de regreso, primero tenemos que sumergirnos profundamente en el océano de incertidumbres.

Tenemos que olvidarnos de nosotros mismos para poder recordar quiénes somos.

Lo que solíamos ser y recordar en quién podríamos convertirnos.

Y a través del arte tenemos la capacidad de moldear y dejar que la vida se desarrolle a través de similitudes y metáforas.

Hoy debemos dejar de lado nuestras identidades creadas en este libro, porque incluso si dicen que la historia ya está escrita; tenemos el bolígrafo para reescribirlo como lo queremos.

Hoy, me reintroduzco.

Soy libre.

Ya no caeré en el abismo, y aunque no todo será felicidad...

Hoy es solo el final de un capítulo y el comienzo del resto de mi vida.

Encontrándote (me)

Vosotros somos los niños de las estrellas.

Viajando siempre lejos de quien somos.

Somos, divinidad buscando refugio en la belleza de vuestra propia existencia al menos por un pequeño momento.

Tenemos que dejar que cualquier trazo de miedo desvanezca a la inmovilidad tejida a través de una mente vacía.

Dejaos que el amor os guie, os nutra, os proteja.

Solo así podremos recordar que vosotros somos eternamente libres.

Libres de cualquier ilusión que busque hambrear nuestra alma.

Libres de cualquier ilusión que busque interrumpir vuestra paz.

Vosotros somos amor.

Amor en su forma más pura.

Porque nos perderemos una y mil veces.

Siempre intentado encontrarnos en otros, en algo más o hasta en nosotros mismos.

Haz lo que tengáis que hacer hasta encontrarle.

Hasta encontrarte.

O más bien hasta recordarte quien eres en realidad.

Hasta que recordéis que nosotros somos la flor de la vida formándonos en lo infinito de la nada que se vuelve todo.

Regresemos a casa.

Regresemos.

Recordemos.

Finalmente,

Finalmente soy libre y lo más importante, soy yo.

FINDING YOU (ME)

Written by Samantha Pichardo

From nothing, everything.

Do not search.

Let life unfold before you...

To all who are lost.

To those who do not know what they want.

To those who feel alone.

To those who give without expecting anything.

To those trying to heal their traumas.

To those who break until they find themselves.

We all have that person we want to heal so they stop suffering but we can only show them the way. Be there for them; listening, cuddling and never judging. Asking for help is complicated because of fear, pride, shame or many other reasons but it is worth getting out of the darkness from time to time. So what will you do to contribute? Give love, be patient, learn and enjoy the process.

We are here, and the time is **NOW**.

What is the purpose?

With this book I want to show my perspective of love, and awareness on mental problems. To go in depth with our inner being. It's about us turning on the light we have. That flame that has shown out over time. For lack of attention to our inner self. To be able to find the way back home.

There will constantly be lessons we have to learn.

There will also always be a higher obstacle that we will have to overcome. We have to accept that we are going to fall and that we should seek strength even where there is none to get up again and again and again.

We have to be patient and love each other and break the cycle between the problems we carry. Everything resides from within; fear, insecurities, anxiety, paranoia, courage, strength…

My goal is for people to nurture, care and reconnect with themselves. That they can identify their weaknesses and their strengths. That they find balance, that they transform and that they learn to let go. The goal of all this is to offer something practical to help you and hug you.

I hope this book helps expand your perspective so that you can better analyze different situations that come your way. Hopefully you can become more aware of how much we stop taking care of ourselves and that you nourish again to bloom brightly. That you digest and can discern in a better way everything around and everything within.

So you can have a friendly and passive transformation without beating yourselves up so much.

I love you.

The voices inside

Do not be confused with the voices you hear that they are not the same.

There is a difference.

The inner voice will bring you peace, trust, love and freedom.

While the voice of the ego will bring you fear, judgment, conflict and distrust in yourself and others.

We live for the most part in the mind so let's make it a good home.

Violence must be left out.

Our mind deserves no more war.

If you want to shout, shout.

Do not keep, that everything accumulates.

That later you will feel as if you're drowning.

You do not deserve to suffer and much less carry struggles that are not yours.

When you learn to heal or at least when you try to heal, you also heal others.

You are the one who can cut the loop that connects you with childhood problems.

We must not become all that once hurt us.

What is in the past that should stay there.

Let's learn to let go and continue without much in the pockets.

It doesn't take much to love yourself.

When you love yourself, the inner light shines again and you illuminate the lives of others who are in darkness.

When you move on, you motivate others to discern the voices they hear.

Let's be patient and offer help when we can.

Just as one day we wanted to be healed, we must help heal.

Offering others the tools to get back up

So that they heal and the wounds do not bleed again.

Fly but come back

Why is it that when we love someone and give our love, people tend to leave?

Has it never happened to you, that you feel that even if you give everything it's not enough?

When you want to love, choose the person who wants to evolve with you.

That he/she wants to heal his/her wounds and not accumulate them in their pockets.

Someone who wants to learn more, who wants to expand their mind and open his/her heart.

When you are looking for who to choose, choose a person who is willing to love.

That loves honestly, with respect and with honor.

That looks at you as someone who complements.

That is channeled with your inner being.

Choose someone with kindness and who spreads amounts of harmony to living and non-living beings.

Someone who connects with the earth, with our ancestors and with the spirit.

I want you to choose someone who understands that the feeling of being able to express love is sacred.

That bodies do not have to touch each other for souls to connect.

Someone who can share their energy as a divine act.

Choose someone who can turn you on, not try to turn you off or hide you under their shadows.

Choose someone who wants to grow, who wants to create and manifest by your side.

Choose someone to accompany you but not tie you.

Choose the one you love in freedom.

The one that knows he/she can go where they want but always come back because they feels safe with you.

There it is.

That person is.

But choose yourself before you choose anyone.

Stop looking so desperately, that the special person will find you without you looking.

What to do when you find your soulmate and it's not the right time?

When you are looking for love it is important to work on yourself. Why?

When you are not healed or aren't ready to make peace with your conflicts, that person may leave.

That person may be on a higher frequency than yours.

Remember that we attract what we give.

If we are insecure, afraid and broken, most of the time we attract someone who projects the insecurities we feel.

If you want the feeling to be reciprocal then you have to work on yourself.

You need to start developing so that you can ascend to a higher energy, with more abundance to be able to attract better people to your life.

When you learn to be more spiritually mature and decide to connect your inner being on a higher level then destiny will put you with that pretty soul again.

That person will know that you are trying to reach that high frequency in which he / she is.

Take care of yourself first and always and sincerely remember to be vibrating high.

Work with your ego but always trying to reach your most divine being, and let go, let go of everything that has no control.

The universe will reward you when you decide to stop squeezing the idea of needing something or someone.

Let go of your ego and spread good thoughts.

If you do not, you will continue repeating the cycle until you learn to love yourself.

Follow the essence of your heart. Never stop developing.

Do it since no one can, do it for you and only then maybe one day will be the time.

What can you contribute?

You don't need enlarged words to send a message.

Nor have many things to have something to offer.

You don't need to open your eyes to be able to read because with the touch the world can meet.

Every caress of body, earth, and sea can take us beyond infinity.

You don't need to be asleep to be able to dream.

Nor do you need much to be able to love and forgive.

You don't need a lot to be able to laugh.

Nor do you need much to be able to live.

It takes a lot to be able to hate because it's exhausting and boring for your energy to waste.

It takes a lot to be able to lie because little by little you destroy your own life.

It takes a lot to break a heart.

Because hurting someone if they haven't done it to you, get ready, is one of the biggest battles we face.

It takes a lot to compare ourselves with someone else because we all have so much talent and we just don't see it and we stop ourselves from our dreams to reach.

You don't need a lot to live in the moment.

Why tomorrow can go with the wind and this is our last breath.

You don't need much to be able to continue but if a reason, what is yours?

Whichever you choose I'm glad you're here.

If you are going to believe in someone make sure that is in; you

There are people with whom you learn the power of a hug.

That caresses have an effect as strong as drugs and you get lost in the melody of a laugh.

Where you feel a touch like a seam on your wounds without healing.

There are people who with a kiss are able to shoot you towards the moon.

Caulking every part of you.

People who are shelter when everything goes wrong and in which you want to stay protected.

People who despite not being perfect and you aren't either, look at you.

And when I say they look at you, they look at you!

For more than you are.

They see your body twitch when you are uncomfortable.

They see your face in disgust when you look at yourself in the mirror and still say "You are beautiful! You are beautiful! "

That they know that if you bite your lip it is not because you want to be flirtatious but because you have nerves that everything will go wrong.

People who leave and leave their mark and void.

And others that even if they leave you feel them by your side.

There are many people you choose and others simply appear as if there was no other option.

There are people who come as guardian angels lighting your way.

Others that are badly disguised as sugar.

But don't fall, that not all that glitters is gold.

Learn the lesson that each one comes to give you in your life.
Let go when you feel that you are tightening the rope by force.
Because everyone is free.

I know it hurts.
To have someone and that in seconds he/ she can slip away from your fingers.
But it hurts more to lose yourself in the process.

Treasure every moment, every laugh, caress and cry.
That life is a box of surprises and every night is like dying to be reborn at each dawn.
Maybe tomorrow there is someone you fall in love with, someone who makes you believe that you deserve to stay here.
Standing.
Walking even if you are crying but believing.
Believing that the world maybe can change.

Maybe that person is who you least expect.
Maybe he/she was always with you and you didn't realize.
Maybe one day you will experience what it is to believe in someone.
Maybe one day you'll stop looking outside and see that person is in you.
Believe in you.

For those who are no longer, for those who are and for those who are just coming

When someone "dies" it is very difficult for the human being to understand it. Well, we always think that our parents, family, friends and the people we want will be eternal. But as time goes by we realize that there are things that will always remind us of those people who are no longer physically here. And in a way they will always be eternal in the universal essence. We never get used to "death", because we would stop being human if we did. The road to healing is arduous. Because to heal you have to learn to let go. As much as it hurts you have to stop clinging to things, situations and people that are no longer here. Our biggest mistake is to think that the world is against us, when really it is us who are against it. Against to how things happen and can't change them. But little by little we will learn that we have to flow and be here in the now, in this unrepeatable moment. Because even though we can lose everything, our heart keeps beating. I know that for many of you there are arduous days. But always remember that you are not alone if you start thinking how many other beings are feeling the same.

We must reflect, forgive not only what has happened to us but also forgive us or what we believe we have done. It doesn't matter how far we have come, because what matters is being present and what we leave impregnated in people and beings.

Magical people

There are people who take out the musician side of you.

The people who show you the orchestra your body is able to produce.

People who just by thinking of them can make you tremble.

People who you see and raise your heartbeat.

There are people who make you laugh.

That you feel that you're about to explode.

People who teach where the light in you is and how much you are able to shine.

There are people who believe so much in you.

That you start to believe in miracles, in magic.

In you.

There are people who, without being by your side, help you grow.

That with their good wishes, sudden appearances can make you bloom.

There are many people out there.

There are so many that I would get tired of counting.

But I haven't met anyone like you.

Because everyone is unique and has their own light.

And you don't know how happy I feel, because of all the people the universe let us meet.

Although we didn't get to be, we are and will never be.

We flow, co-exist, learn and evolve.

Listen

Observe instead of speaking.

Listening silently.

Do not take part in this mental agitation.

Do not judge.

Watching, step back if you have to.

Messages and signals are present.

Listen.

The simplicity of living

No one can take away bad habits, it's in you to let them go.

No one can make you feel complete, it is in you to find your value.

This body is only temporary and you don't need anyone to move on.

No one can give you patience, you don't acquire it as a gift, that you learn.

No one can give you happiness, life gives you blessings and you create happiness through your perception.

No one can make you live without pain, because pain is essential if you want to interact and understand others more humanely.

No one can make you grow up, people only influence to make you more fruitful.

People plant seeds but each one grows alone and in its pace.

No one can give you all the things on a silver platter for you to enjoy, you already have life and enjoying everything in it is your own choice.

No one can give you all the love, but others can teach you to love.

Each person is a lesson, and you decide the teaching they give.

No one but you decides how to interpret the messages.

Love unconditionally and let yourself be carried away by simplicity.

The simplicity of living.

For you that thinks you don't belong

I know you feel like no one is listening.
As if everyone is too deaf.
Too busy.
Too much and you are so little.
I know you feel so empty.
Like there's this void within that just doesn't get filled.
That being surrounded by a hundred people isn't enough.
You feel so lonely and just need a sincere hug.
I've been noticing in your eyes, you're hurt.
And it hurts.
It hurts seeing you this way and that I know even if I tell you that it will be okay. It won't.
I know I can't erase the pain you feel inside.
But hold my hand and together well find a way to keep going in life.
Because your life is so precious and even if you don't feel seen.
I see you and admire the strength that you have within.
I would like you to know that I've also been low.
That I lost my self on the way.
That I also did things to take the pain away.
Yet you have to realize that your demons are a part of you but they're not you.
That people won't be able to help you until you let them through.
I wish I could show you that I'm listening.
That I hear your cries even without you speaking.
I wish people would extend their hand when someone is about to jump.

Instead of them laughing, telling souls like yours that you aren't enough.
I'm writing to you in hopes that when you read every word you feel like you're not alone.
That every letter is like a stich in your body.
Like medicine for you to continue living.
I hope my words reach you all in time.
Those who are depressed, broken, and can't seem to find something that makes them want to stay alive...
You can have hope in something or someone and not believe in god.
Because to believe is one the most precious qualities we got.
To believe like I believe in you.
I wish that you are watered every day.
That for some reason you feel the sun rays in your veins.
My apologies if I can't save you.
Wherever you are just know that I always pray for you.
I hope your soul finds the peace that it needs.
That you don't suffer more pain.
That you choose to stay even if it's for one more day.
I know you feel like I still don't understand but if you hold my hand I can let you see what I went through.
I'm not the same as everyone else that pretended they wanted to save you.
I don't want to save you if you want to leave.
But I want to show you that there's another way you just have to believe.
Believe in yourself, that you can and will get back up.
Because you're worth it and you need to stop beating yourself up.
That violence you were taught when you were growing is nothing but motivation for you to keep flowing.

Just because you weren't loved before doesn't mean you can't love yourself or that you won't be loved.

You got the power you just haven't noticed yet.

Open your heart to this life and surrender.

Open your mind and listen to your inner voice so you can remember.

Remember who you are and if you don't like it then change.

But don't leave yet.

You are worth so much no matter what anyone says.

You'll bloom so beautiful at your own pace.

So be kind to you and keep going because this isn't no race.

You can be the last one to get to the destination.

What matters is that even after wanting to die you still made it through.

You at least tried.

-When people go out of your way and want to return saying they miss you, always make sure they are not just looking for you because they feel alone.

That those who are not comfortable with their loneliness and their own being, will always be looking where to belong and will be dependent on others to feel full.

Anxiety

Again you visit me as if you had nothing better to do.

You arrive when I don't need you, when I try to grow.

I take the microphone between my hands and you arrive and the worst thing is that you are not leaving.

I tell you that I don't love you, to go away and never come back.

You are like a moth looking for light; with infinite attraction.

I am the light and you want to invade me with this insecurity.

You want to invade me with your darkness; putting out my flame

You cause itching all over my body and there is no way to take it away.

I have hurt my hands and body trying to fade the traits you leave in me and it seems that nothing works.

I take you with me as a birthmark.

They say breathe, breathe and let you go.

But tell me how you leave something that is attached to you?

Instead of getting the best out of me, you take out the worst and turn me into this dark figure that seems to fall into madness.

I hear voices in my head, in my head, in my head...

I hear voices and I can't turn them off.

I swear I'm not addicted to you, I want to leave this damn anxiety.

Please do not consume me anymore.

If I accept you, would you stop being so cruel?

Would you stop consuming me in large quantities if I give you a little of me from time to time?

[The first cause to unhappiness is almost never the situation; But our thoughts on it. If we can change our perception and thoughts in certain situations of life, then our dreams are likely to come true. Not everything will be good but if we can try to observe the best side of things, since we don't know how the situation can change just around the corner.]

I apologize if sometimes I don't know what to do when you're alone.
Excuse me for not being able to glue the pieces that you have been spreading throughout your life.
Excuse me for not being able to stop so you can no longer hear all those voices of arrogant people telling you that you are not enough.
Excuse me for not being able to clean the insecurity you feel when you look at yourself in the mirror.
Excuse me for not being the father/mother figure that abandoned you.
Excuse me also for not being all those good people that life stole from you.
Excuse me if sometimes I seem not to have time just for you.
Excuse me if that's why you fall back into memories of unfaithful people that really weren't for you.
Excuse me for not being able to stop the hand of that abuser who hit that pretty skin.
Excuse me for not being able to make you be on top of the world or where you would like to be so that you stop living in yesterday.
But I tell you its fine, it's fine if you don't know what to do with your life yet.
It's okay to not be healed yet.
It's okay to cry and be insecure.
What is not right is how life has treated you, or that you thought you were not enough to bloom again.
It's not right that you can't motivate yourself again.
Because there will always be something to fight for, someone to love, something to stop bleeding.
I know that sometimes all you want is for everything to end.
Stop being here because at the end of the day you feel that nobody cares.
But you are wrong; I care about you.
Here you have me and I will not leave.

We are in this together.
I hope you see that I am willing to throw myself away and shipwreck a little if I can save you.
You are enough, you are enough, you are enough and when you leave this mental gap, another opportunity awaits you.
Take it today, take it tomorrow, in a few years but it has your name and there it will continue to be until you decide to take it.

Full of souvenirs

I'm leaving but not empty-handed.

Believe me that even if they are small, they carry more than one hundred memories hung on their fingers.

On the body I carry kisses that I will not be able to erase even with a metal scourer.

I'm leaving, but the memories that my eyes witnessed will be repeated every time I close them as a slideshow of photographs.

I go home but believe me that in your arms I found a decent home in which to live.

I would like you to get more visitors and more moments worthy of your time.

Because time you don't recover and I had the joy that you would grant it to me.

May you never miss surprises and moments where oxygen seems to slip away.

I'm leaving but not forever and I hope that when I return we will meet again.

Even if it's just to exchange glances or a word maybe.

Because I came here without knowing what to expect, and I leave rich in experiences.

Until next time the train is coming and I must get on.

-Travel seems easy from the outside, but deep down, it's complicated.

Complicated because you meet people you will love and you may never see them again. Complicated because you learn detachment. Complicated because the universe faces you with unexpected obstacles, and sometimes that's when the soul usually grows. Complicated because when you start to feel at home, you must follow your path. But as a free soul that you are,

you need to continue, always, without stopping. Keep walking, under the sun, the storms, always dancing with the flow of life. Laughing, smiling, letting you be touched by everything but not caught.

Until fate decides to join us again

Being by your side I feel that time escapes my hands.

I'm scared, because I know that in a blink you can sneak away and I won't see you again in a while.

You don't know how rewarding it has been to meet you.

I wonder how much time I have left to hold you in my arms and kiss you.

To listen to the melody of your laughter and to observe those eyes that sweeten my soul.

Every time I hug you, you don't know how much I am admiring your aura.

But no, I don't want to keep wondering when I'll stop having you.

Because maybe I don't like the answer I will get.

I want to love.

Love you, me, us and this moment.

Passionately and without conditions.

I will show you that there are moments that do not happen again.

Or maybe yes, but not always with the same person.

I want us to treasure everything that welcomes us right now.

Our bodies, the trees, the sky.

I want us to give ourselves in the most honest way telling us secrets and dreams that we are afraid to speak out loud.

I want us to give ourselves in the most intense way, our skin joining as one single piece.

Maybe...

Maybe if we are good here and now, in the future destiny will bring us together again.

- How many times do we not value these people when we have them in front of us, and as punishment, life only leaves us wanting them; their presence, their aroma, something of them? Don't wait until it's too late to show someone how much you love them.

Stories hidden but not forgotten

There are so many secrets and the deepest, most vulnerable and shocking ones stay on a bench in front of a lake.

In the blankets that were accomplices of two souls burning in passion.

In a car where all the words remain, the looks; who still yearn to be spoken, to be shared.

In the bathrooms of the bars sharing words with strangers.

In fleeting kisses.

On the backs of some bodies that you caressed for several hours.

On the fingers that were intertwined to be a complete piece.

In a sunset, in all the first times and in so many more moments.

What will the walls say of the madness they witnessed?

How long will it take for the sidewalks to erase the steps we took?

Seconds maybe.

But the memories are getting deeper, if you count every step taken above our own.

Burying like the dead.

However the memories last.

I know that every time you feel them more buried in your heart.

As much as I do.

I don't hope you don't forget them.

In fact, I hope you share more.

May they trust you to share deep things.

I wish that you also undress again in mind, body and soul before other beings.

But no matter what, I hope you always treasure what you shared with me.

Everything we discovered and what we would not have wanted to learn with anyone else.

Because everything that was has not been erased, it is only covered with other memories, stages, people ... just as you cover a house with a coat of paint.

But it still exists.

My love and love for you still exist.

I've been told to forget you, but I can't, not when there are still pending things.

Because nothing more is needed than we look at each other directly again, to know that here there is a story with pending chapters.

But now I understand that you are not essential to continue living.

I go with open arms to life.

Imagine everything that comes if I let go of everything that is stopping me?

Like fear.

Like you or the memory of you.

Meanwhile enjoy everything as I will.

And let's get lost finding wonders...

In other eyes, in another skin, in another tree…

In another heart...

You don't see it

Perhaps you have never thought about how crucial your own space is.

The power of your breathing. Being.

The collapse in order to get up in totality.

You have to let our wild imagination fly.

You have to reconnect with our inner child.

Of that silence that surrounds an empty mind.

You have to remember that loneliness is a healing source of medicine.

Change is a catalyst for freedom if you find the courage to surrender to the changes that will carve our way.

You don't need to have everything figured right now. Breathe

You are where you need to be. Surrender.

Let your mind melt in the ebb and flow of this human existence so that you can discover a deeper self-confidence than you have ever known.

Let your consciousness wake up to rise from a realm of infinite potential.

Of course, following your intuition makes no logical sense to the limits of your human being most of the time. Trust anyway.

Sometimes you don't realize that you have wings.

Not until you are falling. Let them unfold.

More than a hope

I hope someone waits in the same place where she was waiting.

May they have the joy of looking at you listening to music.

Hopefully someone's hands start shaking of nerves because you're close.

Hopefully someone can feel your heartbeat like a blow to the stomach.

Hopefully they share glances and don't just stay there.

Waiting if one day you'll talk.

Hopefully fear does not consume their guts.

Because I know how much they would like to meet you.

Hopefully they discover you and treasure you layer by layer.

I hope it doesn't stay there for a moment.

With the question of what if?

Hoping to meet again.

Because sometimes, life does not give us the same instant.

Hopefully you realize that it is now or never.

Because if I had the chance to surprise you.

I would do it today, telling you how much you emanate in each breath.

I would hold your hands in mine, kissing them to heal each of your wounds.

Kissing you so you can taste life.

The life that is within you.

Until you achieve it

I think mostly everyone has been told that you can't live off of dreams. That to get income you have to get a formal career. I also know that as dreamers they have made fun of you and what you are able to imagine that you can do. But haven't we all failed once? Or will we not fail at one point in our lives? So I just tell you to follow your dreams. That you dream even when others do not believe in you or your projects. Because dreaming makes you free. If you feel that you are going slower than others; remember it is not always good to rush. Use the slowness for your benefit.

Thinking better. Perseverance. Determination. Patience. Stop being enslaved by this corrupt and closed up society and free yourself.

That you can live off of your dreams if you believe so much in them you can bring them to reality. But everything takes time. I know that you will achieve it. Do not give up today. Do not give up tomorrow. Never give up. Dream high, but never stop dreaming.

The Journey

The adventure and the change of life as they unfold.
We are born, we grow, we die and we reincarnate.
Natures' consciousness starting from its center, expanding outward.
Let yourself remember the taste of your youth.
Taking a sip of our dreams while love whispers again, closely.

-That the love you give now, is the same love you give yourself.

Before the offer expires

Sometimes I just want you to write to me. In a letter or by a text. Telling me you miss me. That there are times when you think of me. That the dawn is marked by my essence and that it has my name. I want you to tell me how much you want me to wake up next to you. That although you have been in other mouths, nobody knew how to write poems over your skin. That the good vibes can be found on several sides but not with everyone can you flow the same. Tell me, because I know. I want you to think about me on hours where you shouldn't and try to find me.

That you confess to me that if you walk away it is not because I am not able to light your life, but because of fear. That you are afraid that life has such a good thing for you, that you are afraid that you do not deserve it. Fall, and confess to me that you are willing to try. That pride can no longer control you. That you want to want and that you want me with you. And I'll stay because here you have me. You are a cosmic manifestation of love. I bow to your ethereal soul, to the intimacy that you have cultivated with the Great Spirit within everything, and to the poetic blessings that you channel through it. Every time your lips expand it is as if the most beautiful harmonies play and I do not want to stop listening to them. Delight me and make me lose my mind that I want to write so much and the words don't come out with anyone. Tell me that you love me and I'll stay to lose and find myself again through you.

If you're trying to choose

Stay with the one you want to burn with.

That although he/she may promise you heaven or promise you perfection, it isn't what you want.

Stay with whoever you want to go hand in hand to hell to meet the demons that hide under that skin.

With the person who shows you can.

That you can EVERYTHING.

That without them you can live, but you prefer to be overcoming obstacles at their side.

Who shows you that love is freedom.

Who lets you fly to any destination without inviting him/her and don't try to stop you.

Stay with the one that teaches you but also lets you learn alone.

But don't give yourself to just anyone.

Do not harm those who do not deserve it because of loneliness.

Stop searching, because maybe you look in places where you shouldn't or where it is easier.

Remember to be alert because maybe you always had them in front or by your side.

Stay with who when you finally meet, feels too good to be true.

With the one that makes you feel that even you are a dream.

Treasure it well because maybe after him/her none.

Maybe after you, NO ONE.

When someone doesn't look for you

There are moments where we rush to make conclusions.

Where we think someone avoids us and maybe, yes.

They may need their space, are busy or simply do not want to talk.

We must accept that even one sometimes takes time to answer or there is no desire for anything.

The other person has a choice like ours.

Their choice is as valid as yours.

Do not cling to a person being for you all the time because that is not healthy.

Neither for him or her, nor for you.

Flow over time and let people look for you when they are ready.

Don't be sad that there are many things you can do while they are gone.

And if they never look for you again, if weeks, months or years pass, then yes, maybe you can send something but if there is no answer I think you have understood.

That sometimes goodbyes arrive in silence.

That sometimes it is better like this, without them.

That sometimes it's not you or them but time and the moment.

Maybe not today, but tomorrow who knows.

So flow and don't stop living.

The dose

There is an aroma in the air that delights me but does not satisfy me.
I burn, every time I try to touch it with my hands.
So close and yet so far.
Your body.
 I look for you and I can't find you.
The perfect drug
I, so hungry to fly.

Add and multiply

There are those who always give more.

That when they miss they cry a sea of tears.

That when they get excited you are able to see the fire they carry inside.

Those who always want the world, to learn, you.

Those that are not perfect and still do not subtract.

Those who, when angry, destroy all ties and leave behind.

Those that have patience waiting months or years, maybe.

That show calm even when there are wars around.

That show calm even when there are also wars inside.

There are those who give themselves more.

Those who even multiply.

That they love themselves, they love others and love you.

That they love you so much that even you start to love you.

No, it is not always bad to give more.

It is bad to expect to receive the same in return.

You should also give and multiply that the most beautiful gift they you can give should not be overwhelming, it is a fucking beauty to meet someone who teaches us to feel, to be human at its full extent.

Because feeling is not uncommon.

Rare is not wanting to feel.

Do not become everything you want to destroy.

Until where?

We give glances to anyone.
We look so worn out even without using it.

We are losing most of the time.
Because sometimes winning has brought us more bitterness.
The destination does not matter but the route.
We bleed and the wounds last a long time to heal.

We speak in a broken voice, hoping someone will listen to us.

We jump over the cliff even without knowing how to fly.

Not everything is what it seems.
Hopefully you imagine something better.
Because we are losing vision.
We are losing ourselves.

You can still be here

We die a thousand times.

We die when someone leaves us.

Every time we break the shell.

Every time someone takes away our right to choose.

We die little by little in every lie that shoots from our lips and those of others.

We die hard when we don't accept ourselves.

A lot, for every mask we use, to hide who we are.

We die for being careful and for not caring.

We die by choice and because "it is our turn" things happen for a reason right? "Death? We no longer fear it.

Because we have died more times than a cat.

People wonder why sometimes some choose suicide.

But those who leave for one reason or another have come out of this illusion about death because they continue to live.

So if you have to die, die a thousand times in order for you to live.

In the eternal now. In the eternal you.

Labels

Who am I but a sister?
Who am I but a daughter?
Who am I but a friend?
Who am I but a human?
Who am I without a definition?
I feel that I have lost my identity.
I am in the separation of the soul and the -I-
Who am I without a label?
Free?
Particles?
Infinite, perhaps?
Who I am?
Who you are?
Who are we?

Flow

Sitting next to the tide I begin to ask myself an infinite number of things.

Trying to find an end to my thoughts.

But they are like the sea, full of surprises.

Never knowing where they will end.

I listen to the waves and I start to calm down.

Well I know that all I need is to silence them for a while.

Relax and let me go.

I know it's not easy to find the hidden treasures in me.

I know it's not easy to swim by my side because sometimes I forget everything and start drowning.

But I know that closing my eyes even for a moment, everything will be fine.

Perfect unity

I want to undress you, wander around every inch of you.

Remove each layer that forms you until I reach your most real being.

I want to touch you again and feel that I am getting to know the world through every fiber, every particle, and every cell.

I want to get so deep that I have your soul in my hands.

To treasure it as if he were holding time.

I want to undress you, yes!

And I will keep repeating it, but I don't want to take your clothes off yet.

I want you to stand in front of me.

That when you see my eyes you feel like my love travels to you like a ray of light and you feel an ecstasy so powerful that you are paralyzed and wanting that moment to not end.

I want to strip you and make love to you with my energy.

Feel each beat and synchronize to be one.

Because you give me the wonder of life in every hug you give me.

But where are you?

You are gone and I was so eager to live through you.

Feet

Feet?

I often wonder what they think of me.

If they are tired of carrying the pain and memories they have been collecting.

Feet?

How many times have they gone through the wrong steps?

Places where they didn't feel good walking through.

However, they obeyed.

How can I make them forgive me?

How many steps have they taken?

Because thinking of feet makes me think of the sidewalks and the thousands of steps that have traveled at the top.

Feet?

Those who still want to take me along roads where the ground was delicious.

Those who still want to return to you, because it is the path they remember most.

Feet?

Those who resemble my hands, but cannot hold things in the same way.

Because to relive a moment, one step is rare.

I wonder where they will take me if they were granted freedom.

Will they take me to the beauty of a sunset, to the moment when nature does magic and allows us to breathe one more time?

Will they take me to a place of divination perhaps a path full of pain?

They can take me anywhere.

Anywhere they want.

How many steps do we take in a life?

Have you asked yourself?

In gratitude I always dance because that's when I think they feel the most happy.

Life is a dance and everything around us is part of the melody.

Some dances are beautiful, others full of tears.

However, there is always a new movement to learn.

Some repetitions of the same step until achieving it, moving to the next level.

Finding the rhythm is sometimes complicated, but join me and my feet to keep moving forward, dancing our way through.

Perfect unity

And to think that we are only fractals of the same origin and still lose time

comparing each other.

Fibers and fibers of the same skin.

I carry a piece of everyone in me.

Every person who has taught me something, that has clothed me, that has loved me.

I carry in me every food that has entered my stomach, the people who have grown it and planted it to feed humanity.

All reaping in the same land, only different cities.

Magically one day you cross paths with someone several hours away.

But you feel closer than anyone in your city.

A person who makes you do what you did not observe before.

No matter what happens at the end of the day, we are not so different.

That teaches you that in every moment and every step, we live in intimate communion with all beings and elements.

Only a small hint of authenticity in each but none less invaluable than the other.

Because by working together, the work of art is done better.

We are never alone.

We are immersed in a sea of intimacy with everything that makes us live.

Being like the islands with the sea; separated on the surface but connected in the deep.

What a crazy reality.

That beauty!

Sea is you

The sea reminds me of you.

Unpredictable.

You can cause calm, but also a tsunami of emotions.

You remind me of it in how warm and cold you can become.

You arrive at my lands by humidifying them and healing them with your salts.

Unfortunately, many stories remain at sea and leave with the tide.

As if they never existed.

That is why I am grateful that you are not a sea because that way I can have you in my thoughts for a little more time.

Treasuring them memories.

Treasuring you like a pirate with his most precious treasure.

Of the memory I live and today facing the sea…

I feel so close to you, please don't ruin me.

Present

Here you are not nostalgic to think about the present moment.

As if life were unfolding through ancient eyes of your future self. Knowing that we will burst out laughing and smile again when all the pieces of our memories come together again.

With our empty mind, our soul becomes full and our heart finally makes sense of the eternal mystery of our constantly evolving existence.

The limits in your head can never fully comprehend the infinity of this universe.

So let's not try to find out everything. Never do it.

We have to give up and let ourselves be.

We will take refuge in nature and we must develop based on the movement.

Let's start listening to the sound in each breath.

Immersing ourselves.

To your life with other genuine human beings.

Because you will be loved and whatever happens we will continue to rise.

So be here. Present.

Listens.

Thoroughly

Swimming deeper and deeper; at the bottom.

Searching through our own darkness the origin of where this anxiety, loneliness and sadness comes from.

That although sometimes we have everything still we feel this spine in our chest.

Immersing ourselves between the layers again and again until all we have left is LOVE.

Letting that light radiate and emanate from all our being.

Complete and full.

WE ARE walking abundance.

Having vision and manifesting as creators of this kingdom.

May all the actions we take be reflections of our highest being.

Freeing ourselves from believing or not believing, enriched by everything.

Blooming our thoughts swimming back home, from this shipwreck in which we find ourselves.

Dissolving in the light

Be gentle with yourself.

Remember where you come from, with love eyes, holding your past self in your arms, letting go, forgiving and thanking.

Thanking where it has brought you, here, now.

We are on different paths but we are all trying to go back home.

Self-love is not selfish, it is not to praise our ego.

It is to love all parts of us equivalently.

Free of judgment.

It is to accept darkness as much as light.

It is to accept that we have made mistakes but that we can work to avoid making them again.

Recognizing our eternal nature.

The lessons of your eyes

What color are your eyes?
Why does everyone say that brown and I see them in thousands?
Radiant yellow as the sun.
Red when you look with intense passion.
Green when you are so natural.
Black because in them I could lose myself to wander.
What color are your eyes? Blue maybe?
Where do these magic marbles that you carry come from and why do they cause me so much?
Why do I observe them beyond what others see?
Your eyes are the most important parts of your entire body.
Why does everyone forget to admire them like me, even you?
If I could I'd be the sunglasses against the sun just to keep them, and continue to admire every color I see them.
Because as they say they are the window of the soul.
And every time I have the joy of looking at you I feel that I can know beyond what I imagined existed.
Because you offered me galaxies when I only looked for planets.
Because your pupils change every time we stare at each other, they grow.
Because I have studied you and I can know when a wave of emotions will happen in the form of catastrophes.
When I look at your eyes, I not only see their color, I see another reality.
I see how much you would like to make a change by spilling love.
I observe your dreams and your intense desire to continue living.
Looking at you, I feel like I'm reading your diary.
Because unlike your lips, your eyes can't lie.

The journey of life

Get out, because being always in the same place you will regret it in the future.

Get out, because you will spend the rest of your life wanting to be brave enough to escape your comfort zone.

The dreams that your mind contains will consume every part of you if you don't leave.

I don't ask you to run away.

Quiet, you can come back.

But go away!

In just seconds of being submerged in a different place you will realize how much it will come to you without you looking for it.

Get out with nothing, with open arms so that you have them free and accept everything that is about to appear.

There will be a cost to pay when leaving.

Not only do I talk about money, but start to know yourself in a deeper way.

To know the world beyond what they have made you believe.

Time will never be enough to observe everything.

There will always be a new wonder, a jewel waiting for you to find it.

But I promise you that you will return home full of experiences with empty pockets, but full of life.

Full of love.

Some say that to find yourself you don't need to travel far.

But it is what traveling you will be able to take your body to other extremes.

Where will you do things you never thought you could achieve.

They say that the deepest journey is the one you do within and I agree.

However, I promise you that there will be times when you will not want to close your eyes of everything that is happening around you.

Your outside world.

Because this life is so short and there is still so much to discover.

-Traveling always teaches you to stop and put things in perspective, especially in difficult times. We are blessed; we have a home, a roof, something to eat and drink. That is really all we need. Some people are poorer, suffer every day to have any of the basics, but they are still so rich with the most illuminating smiles, because they have learned to appreciate everything instead of letting it go unnoticed.

Siren

If you navigate to ruin then come and let me devour you.

I want to be the muse of your poetry.

That with your lips you write poems about my skin.

I warn you, I am a beautiful but dangerous creature.

Do not approach, I am able to seduce sailors like you with my sweet you, and by acting like that, I can drag you to death. Upon the death of your ego and make you feel that you are reborn again making you immortal in each of my verses. I can also drag to the most beautiful fucking island your eyes ever witnessed. The myth says that we are not good.

But the sailors created us like that.

I cannot stand the rejection and when my heart is broken, devastated I am thrown into shipwreck

It wouldn't bother me to die in the sea of your eyes.

Do not come to this mermaid, which enchants all who approach her by giving them a unique heart song.

Do not get too close and listen because you may only be confused and if your intentions are not real you will only make this a sad mermaid.

Just because I caught your attention, it means we will vibrate together.

So if you want to navigate to love, then you know where to find me.

Treasure you will be in the sunset.

When crossing looks, there will be no choice but to experiment and let go. Immerse yourself in this sea of love, lust and passion.

In that sea where there are hidden treasures in the bottom in a heart-shaped safe.

Of so many treasures I have found a key, I warn you, do not go near it because maybe it fits in the lock and of all the keys in the world the key of your heart maybe I have it.

So do not approach if you are looking to go from island to island until you find the perfect one.

Because maybe the perfect thing doesn't make you free.

If you want to give the ruin, look at the iris of my pupils in a sunset.

So that when you see your reflection there is no choice but to experiment and let yourself be submerged by the wave of love.

Falling

Falling.
Falling in this hole.
Pitch black.
Falling.
Madness unfolding, possessing every part of my being.
Falling.
However, I don't e the urge to get back up.
I want to fall and dive deeper into uncertainty.
I want to experience failing and falling.
Until I have no choice but to get up.
Not because it is the easy way out.
I do not want that.
You see, I hope life destroys me.
Tear my flesh and break my bones.
I want my nightmares to cover up my soul.
Just to learn that fear is part of life.
That I can walk with my demons at every step of this remaining life.
Without them taking me hostage.

Only then can I dream again.
The truth is not rainbows and butterflies forever.
Because for there to be light there is darkness.
For there to be dreams there are nightmares.
Madness for sanity.
Heart breaks and mending.

I want to fall so deep that everything I knew I have to re learn again from Zero.

I want to wander and crawl to new possibilities.

I want to startle and I will fall again and again if I have to.

To always be marveled and humbled by the simple pleasures of life.

Cosmic Dance

We are so delicately woven in the fabric of all beings.

So intricately involved in the dance of life,

That only an incredible force of fear and resistance can separate us.

Sometimes we don't realize how much we depend on each other.

Either to love, for food or for life itself.

In this puzzle every piece is essential.

I know that sometimes you feel that you are alone, that it is very difficult to stay in one place but remember that it takes a lot of energy to try to separate yourself from something to which you are connected in each walk.

You are the person you are thanks to another person and everything you have learned through someone else.

Despite your fears, how much you stagger, and how much you fall.

 In each movement you are sharing oxygen with another living and non-living being.

With all the creation to be more concrete.

From a table, a butterfly to every human being that you still need to know.

Even if you feel alone we are all hooked to the same universe.

If you lost someone today, it still exists.

The essence of that person exists in the air you breathe day by day.

If you missed an object today remember it still exists somewhere at the same time you exist.

Keep dancing that there is no sorrow that is not shared, there is no orgasm that is not shared.

If we get carried away in a perfect trance we will reach an ecstasy in the same union.

Fear

Afraid that the desire to go out and find what I want will stop being born.
I have let so much escape from my fingers, from my hands.
I have tried to keep my calm and find peace but there are times when I can't.
Why do I let something control me?
What stops me from reaching my destination?

I stand on the edge of two options.
Between the arduous and filler.
Between where I want to be and where I've been.
I see my dreams right in front of me.
Eager to go back to where I was happy.
I would like to have what I had before.
But in comfort and custom I could not grow.

I'm ready to jump.
Although in my mind there are a thousand questions of what comes next.
Although my heart still yearns to beat for hearts that now beat for someone else.
Although my arms still need to embrace souls that are in the company of others.
I'm ready, because my mentality has changed so much.
I know I will fall, but I have to be willing.
Because to really discover what I am capable of, several sacrifices are needed.
I no longer want to be a puppet and deprive myself of what I deserve.

I want to live so intensely, that in the end I will leave with scraped knees, with broken legs, with watery eyes, with dirt and blood...

But with the satisfaction of that I at least tried.

With the affirmation that I delivered and gave everything of me.

I go with everything even with fear.

For you with love

When was the last time you shook of nerves?

The last time your voice broke before speaking?

When did you stop striving for the things and people you care about?

Who broke you so much that now it seems that you are crawling in order to continue?

Where are the illusions and dreams that I know still exist within you?

I am looking forward to having the answer in my hands and delivering everything as a gift.

What do you win?

What do you want to give a little of yourself to the world?

When you tell your truth, you empower others to do the same with their own experience.

Your current path may not resonate with the path of others, but that's fine.

Share things and create art, music, and dance. But create.

Because creating is like an expression of liberation from oneself.

From the cage you wanted to escape.

Believe, that you release energy from your body, and heal.

But never do anything if what you are looking for is to prove that you are better than others.

If you are looking to earn more money than others.

If you always look for more, you may end up with less.

Learn to receive what life gives you in the moment.

If you want more then give more.

Improve your art, your projects.

Improve yourself.

Humility is the most powerful source known to man and if you don't have that, you have nothing.

And if you have nothing, what are you going to offer?

For them

Women, from here, from there.
Women, the ones that nourished me.
That dressed me, giving me everything even without me giving them something back.
Women, the ones who fed me even when it was their last piece of bread.
Women, the ones that were my shoulder when I just wanted to cry.
Women, who fight for the world to pay attention.
That burn buildings, scratch walls, but always with a purpose.
Women, who fade between particles.
Women, who appear but lifeless.
Women, those who walk with fear.
This is not life and there are so many who see it but become blind.
In this world so ours and nobody's, women are necessary.
I wish I could change how they see us with my words.
Let them know that we are not a threat but hope.
That we are resistance and that it doesn't matter how or when they won't erase us.
That they can kill us, destroy and burn.
But they forgot that the deeper they want to bury us.
Between ashes we will rise again.
As ghosts we will leave you sleepless again.
Like those dreams you have stolen.
Women, if we join together we can make revolution.
Even if it feels like we are singing the same song a thousand times in repetition.
Women, this verse goes for me, for you, for those who come and for those who have fallen.

This goes for Mother Earth that welcomes us all and yet cannot raise her voice.

But we are the voice.

Women the fight is great and maybe we win a battle but the war never ends.

Let's keep fighting because we can no longer lose more lives

Give without waiting

What are you waiting for?

What are you waiting for? I repeat.

To realize how much light radiates from your being.

That there are people waiting to meet you so that you make their day better.

Even if they don't tell you or show it, they admire you.

You are the peace they need when there is a war in their head.

You are the water putting out the fire and the medicine for the burns.

How long will it take you to understand?

The world is lucky to have you.

So, although sometimes it is hard to stand, and when you forget where you are and how much you are worth, remember that many people are waiting for you to make light their way back home.

What are you waiting for?

Do not expect anything and do hesitate stop to help.

You make the change in every movevent.

In every step, word and every hug you give.

So keep going without turning back.

Don't -stop.

Don't wait.

Although he/she is no longer here, you live

I know it will cost you work to adapt to the reality you exist but not by her side.

I know you still remember her friction and feel her fingertips run through your entire body.

As she pointed out your imperfections as if they were constellations.

Making you feel vibrations within your being.

How hard it has been not to see them often.

And even harder not to hear them breathe.

How difficult to wake up every morning and not be able to do it with her in your arms.

Why does the most beautiful come but does not stay?

I know you miss her hugging you to rebuild the most fragmented parts.

How hard it has been to have to go on without her but I don't think it's harder than being by her side and she doesn't feel anything anymore.

I know it has cost you a lot of work and courage, but accept it, who you cheat, without her you are better.

Love is not in her, nor by her side.

Everything you are looking for is with you.

Inside you.

You have the gift to rebuild yourself piece by piece.

You don't need anything or anyone.

Patience, raise your awareness and take note of every action you take and those that happen around you.

I believe in you and the ability you have to keep moving forward.

Because hope is still there.

Inside you.

Life awaits you with open arms.

Now I ask you, will you let it pass waiting for her to return?

Or will you finally get out of the hole and try to live?

Still

Stillness is a sacred source of self-love.

When we leave our mind to be free, to become a blank paper.

We must sink completely into the beauty of this moment.

To be able to listen to the gentle colors that the Earth grants us as they melt in our skin.

Don't you hear the whisper of your inner being, calling you home?

With foggy eyes through the chains of the past and a future that may never come.

Can't you see, that nothing exists?

This breath. This second and its immense emptiness.

We become full overflowing with our own acceptance.

We can finally fill others without emptying ourselves.

There are many ways to practice self-love and to heal and another is the medicine of our mother Earth.

Spending time with can heal us from head to toe. Inside out.

Inducing us and letting ourselves be carried away by that magic so pure, so inexplicable that she gives us in stillness.

In search of nothing, everything

I have traveled quite a lot and I have crossed several planets.
I have seen galaxies and stars.
However nothing compares to the galaxies of your eyes.
I got lost in them and although I am not the only person who will see them I know that nobody will admire them in the way that I do.

I need you to look at me.
That you capture me with every blink.
I need to get lost in you and feel that every look of yours burns every part of my heart.
Marking it to forever return to you.
I need you to look at me because since you don't do it, I feel more invisible than ever.
I need your eyes, because the magic they contain, other people just pretend to have it.

How do you now look elsewhere?
How do you travel far from me?
Or do I travel far and I don't realize?

I don't need you to look at me to be happy.
But if you do, a wave of contentment takes over my soul.
If you look at me even for only a second, you will mend damage from tsunamis and catastrophes since you have left.
Hey!
Turn around!
Look at me!

Sonic

I knew it was wrong to mention your name with my lips.
That seeing each other in the eye, we could get lost in an instant confusion.

I warned you that nothing could happen.
But we gave in.
Falling into the trap of a couple of beers and momentary emotions.

There you.
There me.
And a couple of fleeting kisses.

You are such a tentative substance.
How should I not taste you?

I have seen your bare skin, as naked as you have shown me your soul.
I've seen so much, that which you don't show anyone.

Now how do I erase what my eyes have witnessed and what my mind remembers?
Knowing that this cannot be.
We will stay as a moment in the past.

Even if I see you again, even if you see me again...
And even if we wanted to try to be again.
We must not jump that wall once more.

Floating on a dream

I have come to look at you in the distance with the same old jacket.
With your firm attitude and your nose pursed when you smile.
I have come to look at you and I have not dared to speak to you, because I feel that if I do, everything can go wrong.

So I always watch you from afar but wishing to be close to you.
Wishing that one day, you might watch me back.

Maybe tomorrow I armed myself with courage to reach another proximity.
Where I'm centimeters closer to you and release everything that's stored inside my safe.
The most valuable words that I don't speak to anyone.

I hope this dream never ends and if it ends, I hope tomorrow I will have the opportunity to redream it.
Because since I dream you, sleeping is my favorite part of the day.
Even if I don't talk to you, I watch you and prefer that.
Because in my dreams I have not spoiled anything.
I love you and I wait for you in the same place as always.
Under my pillow.

Another place

I want to take you to another place.

To an eternity on the moon.

I want to curl every hair on your back.

Remove the doubts you have in your bones with my kisses.

If I could, I would inject my desire into your veins.

To strip you from the inside.

I wish I could watch the sunsets from your pupils.

Receive the scent of life through your essence.

You live in each of my words even if I try not to write about you.

I want to take away my desire from you but only with you.

Until I get tired.

Let me take you to another place.

Where it may be worth wanting to risk and lose everything even your sanity.

Where fears are dressed in dreams and are fulfilled.

Where to love deep is not strange.

I want to get lost in you and with you.

In a place where neither has been before.

Where it is worth spreading the wings even knowing that you will fall.

I want to serenade you during a sunset and tell you my weakest words, the dumbest, but also the most sincere.

Let me unmask this body and introduce you my naked soul.

I want to see you.

Your eyes, your face, oh darling your smile.

I say come on, you are able to shine even though we are miles and miles apart.

Let's share a whisper, a look, a laugh.

Let's share a silence under the moon and the stars.

Oh my dear darling, you don't know how much with you I want to share.

I wait patiently, but the wait is the end of me, I swear.

-missing you

Universal Harmony

I bet you, if you give me a couple of hours, I can inject memories that will last for years.

I bet if you let me we can do Re-Evolutions.

Progressing to the transpersonal route for a higher consciousness.

Escaping from this maze.

Between dualities.

I bet you if you allow me I can help you elevate your chakras.

Awakening in you the spiritual and psychic energy.

Serpentine power.

As within, without.

As above, below.

I would show you the vortex.

The spiral connected between microtomes and macrocosms.

Between science and reality.

I bet that if we give ourselves a chance we would scale, until we learn to care, the light inside, which shines eternally.

Chemical cocktail

When I kiss you, you have no idea how much happens in my mind.
When I kiss you, you create a chemical cocktail.
I want to drink you.
I want you to fill me with dopamine, oxytocin and serotonin.
I want you to light my pleasures.
As if you were heroin, cocaine...
Euphoria and addiction...
Passion and fear.
I want to tear your skin apart by just breathing over it.
I want you, the anatomy of your body.
Let's do a scientific experiment starting with your lips.
And that with your hands you caress my body.
I have not been partying for some time and I want to get drunk with love, lust and passion until my legs tremble and my heart wants to escape.
When I kiss you, you are like water for plants.
The moon of my sun.
You are peace and war.
You are, the perfect combination of what I need and what I want to have.
You are the dose of which I would not mind having a hangover.
The hangover of your lips.

Do it!

You have to start moving.
You have to move with intention.
With purpose.
Don't let being a beginner limit you to move.
Take the risk.
Take the class you always wanted to take.
Sign up for a contest even if you don't win.
Go to another city.
Meet other people.
People will support you when you start working with a purpose.

It's 6:40 a.m.

The time we always shared.

The first thing I saw when I opened my eyes; you.

Time has passed and things have changed.

There you.

Here I.

Although now we are not together.

It comforts me to know that we are; coexisting.

Void

I was sitting there.
I had it all.
Even so, I felt I had nothing.
You had left.
The echo of the space you left is getting bigger.
Nothing fills it.

Powerful

I want to feel the air dance between my fingers.
The same fingers I used to point out mysteries.
Like which you have in your eyes.

I want to touch the earth to remember,
Remember the past...
My old lives.

How many times have I tried to sustain so much being so limited the space I have in them.
Loose, loose everything I've been collecting.
I release the pain, the lies, I lose the need to have everything under control.

I remain empty but in that emptiness I have space for new learnings.
I want to hug a tree, play an instrument, and feel the heat of the sun...
I want to fill myself with life through every touch.
Because life is measured by sensations.
What you hear, what you see, what you speak, what you eat, what you play.
I want to touch everything, even if my hands get dirty.
Even so they are not big enough to catch everything.
But I know they are strong enough to heal in a hug, to deliver love, to write, because words keep them moving and movement is life.

Goodbye

Rabies are born again and here you have me, writing again.
But this time I don't write for you to stay.
I write to be able to get rid of the little I have left of you to be able to leave you behind.
Believe me that this final part has been the one that hurt me the most.
To let go.

Because I have you in my mind but not with me.
Because I have to get used to seeing you but only as friends.
Or nothing.
Because you're the first one that comes to mind when I touch the pillow.
Because I'm angry that my heart chooses for itself.

I know I have to learn to live without you by my side.
But how do I do it? Tell me how do I do it?
Because with you I want to continue waking up every sunrise.
And listen to the symphony of the wind and thunder when it is about to rain.
Tell me how to do it if with you I want to fly.
Also laugh.
Also cry.

I have to try because I will not have another option.
So let me try to get rid this feeling that I feel for you.
I have to try because otherwise I will lose myself more.
I have to try to escape from this web in which I entangled on my own.
I have to try.
To let go.

It's not what it seems

It seems like yesterday when I still had your hair between my fingers.

It seems it was yesterday when our hearts were still beating in the same union.

It seems it was yesterday that we still wanted to dream.

It seems like yesterday when you pretended to love me.

It seems like yesterday I was still begging you.

That you will stay, that you will save me.

It seems like yesterday I wanted to be with you at dawn.

It seems like yesterday you used me.

It seems like yesterday I thought I couldn't go on without you.

But look at me now I'm fine and I'm still here.

It seems that it was yesterday that I believed in no one else to be able to trust.

But nevertheless life shows me that not everyone will want to hurt me.

It seems like yesterday when my heart in a thousand pieces broke.

It seems like yesterday I didn't hear your voice once more.

However, it has been days and months since you left.

But it seems like yesterday and it feels so recent that my soul is sad again.

Tell me my darling, do you ever think of me?

In the damage you caused me that although it was some time ago it still hurts.

That although it was not your intention, today, and the flame continues to burn.

I still love but today some things have changed - I still love but I love me.-

I often wonder, what would happen if I got rid of all the skins that I used and didn't destroy when I had the chance?

Don't stop moving

Many of us have those moments where we give ourselves over and over again to the wrong person.

Where we prefer to spend a night with someone else and end up empty than to end a night with ourselves for fear of meeting our worst demons.

But what if by being outside we realized that we are all a reflection of one another would we go back inside to face the darkness in our soul?

Projecting our own insecurities in others, we not only lose them but we also lose ourselves.

Until we release, forgive and leave behind we cannot move forward.

Until we accept that we will die in a thousand ways, we will continue in the illusion of wanting to be accepted.

You have to unlearn to learn again.

Because everything is in constant motion and constant change.

Who are you?

What time did you get here?
In front of the mirror.
Looking at someone you don't recognize.
You are known to the people around you and unknown to you.

I wonder why you feel so suffocated in that body.
Imperfections in you are always more than all the good that you carry.
You get hurt.
I know you want to destroy yourself sometimes with a simple look.
Hours pass, you always promise that you will find something that will make your soul vibrate...
And it's never you.

You always return to the same place.
Lost in the abyss.
Lost listening to the voices inside your head.

Where do you come from and is it normal to feel so empty?
Even if you think about it, you have everything...
You give yourself to ideas, people and temporary moments just to feel something.
To be something for someone. To be someone for you.
Everything remains the same.
You feel like **NOTHING**.
Is that what you are?
A being that seems alive but lifeless inside.

You have become a stranger as strange as all the people who no longer speak to you but who long for a simple reunion.

I just hope that one day you can meet again.

Maybe this time you like you who you are.

Maybe this time you can look in the mirror and in the eyes and tears of happiness sprout.

Because hopefully at that time you will stop wondering who you are, and you'll know.

Look me in the face, which of all? I replied, me.

Hard times

We are in difficult times.

Where people pretend to love, but love ends when you have no one to show it to.

Where love ends when you cannot offer more than sincere love.

Where to feel too much is strange, but it is normal to give yourself as you throw a piece of meat to the dogs.

Tied to virtual admiration but empty in one's life.

Where people lack more individuality and less admiration for figures of greatness.

Copies and copies.

Where people pretend to care about the world and people but nevertheless they kill each other when they find the most absurd difference.

Where there is still fear of going outside and raising our voice.

Where they still want to decide on our bodies as if we are a rag.

In these times where sadness is the new fashion, and being happy we see it as something unattainable.

Look into my eyes for more than 10 minutes that we need more eye contact and less virtual contact.

I want to meet you beyond what you want me to meet.

Real and naked.

Vulnerable.

I want to meet you without the masks you wear every day as new outfits.

These are strange times, life is happening.

And we do nothing…

We intend to change, but in a week we forget our resolution.

Would you recognize yourself if you took off the skin on you?

Or is it that the only thing that makes you be you?

Because times are hard and will only get more complicated.

We have to know you, me and the world so thoroughly that we can work as a team even without agreeing on everything.

Because there is still violence and the strongest is the one that is not seen.

All or nothing

Collapse, crumble, change order, letting your familiarity be released, renounce your neurotic control, stop negotiating for guarantees, disarm your automatisms, shout, flow, howl, melt and break, let all the pieces swirl in the flood of your discredit.

What falls apart is not you, but only your substitute authenticity.

What falls apart is your avoidance of your totality of being.

Let yourself go completely and allow a truer base.

Don't build anything before this; Set aside your tools and your impatience. Test your base by discovering whether or not you are still exploitable by the expectations that others have of you.

If so, more breakdown is required.

Do it without complaining.

Leave your audience, both internal and external.

Let yourself go with the confidence of your eyes open, knowing that you are allowing a necessary purification.

Stop republishing the jump that you know you're ready to take.

Be willing to die.

Be so prepared to die that your life shines with mercilessly loving compassion.

Be dramatic if it helps. Street if it helps. Be outrageous if it helps.

Do what you have to do, giving yourself full permission to participate without inhibitions in your action, however uncomfortable or painful.

Breathe more and more life in your confidence, deliberately yielding to the organic wisdom generated by the very impulse to let it go, feeling that your source explodes and flows through you, until it is obvious that you are, absolutely and magnificently obvious, without spiral motifs

Your own context, celebrating both your individuality and your transcendental identity simultaneously.

If you are not going to put everything on the line, what you have will have it.

If you do not risk everything, you will run the risk of ossifying the case of wrong identity that you are now suffering.

Cry a river, a storm, do whatever you have to do.

I dare you to bet everything.

On the verge of collapsing

These demons that I thought were locked in the depths of my own mind have reawakened.

Somehow they escaped and woke up the nightmares within my being.

I am losing, losing touch with reality.

Losing everything you see, everything seems to be so far away.

As if it were happening right in front of me.

Disappearing through the air.

How do I still live when I feel that I die every second?

And if you think about it, aren't we? Dying of course. Within each step.

Then why?

Why do I keep pretending everything is fine?

Trying to swallow my own sadness like I swallow pills.

Like I swallow your lies.

Like I swallow the hopes of the person I wish I would become.

Why do I feel this hunger to be perfect?

Looking for instant gratification as if that would mask how broken I have become.

These fragile wings can no longer carry.

The luggage. Myself.

How do I look myself in the mirror without asking myself more than once who I am?

I have lost contact with my own image as if I had never met this person. A stranger.

How do I remember who I am without making a bigger mess to try to erase the traces of the wrong steps and turns I took?

How do I remember why?

Why am I here, why are you here but not with me.

How do I remember how I got to this point?
Where my body is here but my mind is gone.
Gone. Gone. Gone.
How do I remember to find? Find myself again.

What is the price of your freedom?

I really want to tear your dead skin with my words.

To kiss each of your wounds so that it heals faster.

Even knowing that I won't be able to remove the marks they leave on you.

I want you to turn on the light and not just the one in the room.

If not the one inside you.

How long you will continue feeding on all the lies that others tell you.

When, will you realize that you are wise and that you do not have to appear to impress.

Enough you have with not pleasing yourself.

Why don't you don't take out everything that hurts, everything that suffocates, everything you don't need anymore.

Spit and vomit, spit and vomit, spit and vomit.

Let it go.

Let yourself go.

What you were, what you think defines you, you don't need it anymore.

Get out of the cocoon that carries the beautiful wings that you carry as arms and embark on the journey.

Blessed evil

It's been months since I let you go, and you don't know how much I miss you.

The others tell me to stop longing for your return.

That life is better without you by my side.

Others believe that you manipulate me to do things that would not be born to me if you are not present.

I'm afraid, because I like adrenaline after every action, which I do based on you.

It is as if every time I am in your skin, substances injected into my veins and intense energy moves between my cells.

I need you because you take away my fear even for a moment.

With you I feel that I can destroy, and sometimes that is good.

Because to give space to someone else you have to tear down certain pieces.

I finally understand that saying no, putting on barriers to not to get hurt, saying what I think even when others are offended will not make me bad.

I finally understand that nothing is ever replaced but is improved.

And with you I can put on the skin of evil.

Where mercy and guilt do not speak to me.

When you discover

You are trapped in your own bubble.
What else will they think of you?
Do they think you are good or bad?
However, the only thing that really matters is how you see yourself.
I know you are in search of knowing more, of understanding more.
That you feel lost in a spiral of ideas.
You must kill everything you think forms you.
The hardest journey is the one you will make through you.
Die and be reborn.
Can you imagine getting rid of the skins you carry?
Of the different people that you are in the eyes of others?
Can you imagine how light you will feel, if you throw the rocks that you carry in your pockets, back and in the heart?
Releasing from doubts, fear, failures, hunger for the achievements and opinions of others...
What will happen to you if you see yourself beyond flesh and bones?
As a soul with endless possibilities.
As someone who only inhabits a body but with the ability to create life through it.

Only by jumping into the hole and swimming with all the dead skins, can you take the momentum to reincarnate in a new way.
Where maybe you will be someone more mature.
The day you meet I just hope you can finally love yourself, even knowing you have the power to destroy yourself.
Hopefully you know yourself and know the universe you have inside.
Because fuck, I don't know what others think.
But any soul that is able to die and return to serve others has damn guts.

Without a doubt, you have the soul of the brave.

Because I know how much it cost you to take each step.

I know how much it cost you to get every breath.

I know how much it cost you to go through the metamorphosis of you.

I hope you discover yourself and are as amazed as I am.

Murder

It is assumed that as we grow, we are constantly evolving to a better or worse version of ourselves.

Life is like a book with several chapters between the pages.
"Between the skins" in this case talking about ourselves.

Every year, who actually undresses?
Who actually throws away the used skin that they carried with themselves for 365 days?

Because despite the fact that we will say that we will change, if we have purposes every first of the year or every day or we go around the sun, do we return to where we are?

It would be easy to destroy and throw away the sadness, the guilt.
But would I still be human?
Would I still be me, if I destroy what I think forms me?

Naked

Turn and look at all those skins.
Walk.
5 steps forward.
One. Two. Three. Four. Five.
You're almost here.
You see it?
Don't you see it?
I would like to stand in front of you, so you can swim in the iris of my pupils.
Only then could you see the reflection of the mirror of my soul.
That gem you look at … do you see?
It's you.

I wish someone could show you without filters what I, fucking lost, can't stop seeing.
So with your badly combed hair, with your morning breath, with different socks and with your present eyes.
As simple as when you drink water, when you inhale the beautiful scent of the forest in your yard.
So you, with those laughs that move platelets on the ground.

How beautiful, to be able to see someone's transformation.
To see them without any clothes.
Like only souls co-existing on this beautiful planet.
I want to soak up of you and with you of what we are about to create.

I love you

I love you

I love you like plants want to rain.

And I also love you as a couple who says everything without even speaking a word out loud.

I love you because you see me for what I am and not for what I want to be.

I love you because you see me human, imperfect, beautiful, extremely crazy and you don't judge me.

That your madness fits perfectly well with mine.

I love you because your love has helped me to love myself a little more and to be more compassionate with myself as I am with others.

I love you because you add and multiply, and that is more than I could ever have asked of life.

Life is like art when I am with you.

Some days I paint you blue with the tears that overflow from my eyes from the stories I am releasing that are no longer mine.

Other days I paint you yellow with my sun-kisses so you can taste the light.

Some, green with my disheveled hair so you can remember the nature inside you.

I love you because there are days when there is darkness and others as radiant as the brightness of your eyes.

I love you because in the middle of everything even though messy, everything works fine.

I love you and I want to love you for a good while.

And I want to love you well, that you feel that you can arrive and unpack your soul and your fears instead of arriving and be ready to leave at any time.

You can stay as long as you need, because I love you.

I love you and I love you healthy.

That if you decide to leave I will not stop you.

The door is there without lock, so you know you can enter and exit because you have the key.

I love you and I just want to love you and for you to love me want and love us together.

Shining in this eternal flame.

The murmur

I begged it to send me a strong signal.
Of those you really notice the changes overnight.
But it did not.
Days passed, maybe months too.
Everything remained the same.

Anxiety began to spread within me.
I spent more time thinking and less time enjoying.
Trying to make everything change.
To control everything.

It was then a night of silence that I understood, that the biggest noise was not that of the whole city or beyond it.
The biggest noise was the one that came inside me.
Letting me be manipulated by demons that I gave life myself, but that night I was really tired and let go.

Can you imagine, looking with a handkerchief in the eyes the answers that we carry and that we cover ourselves?

-I often wonder who I am and very rarely look at myself in the mirror and tell myself,

"What a joy to be"

Metamorphosis

The process of becoming something diverse.
The break with the old through time that the hands of the clock go through.
The moment always fleeting.
Sublime.

The hollow of all objective forms,
The generous river never intervened twice,
The reconfiguration of all standards,
The virtues of the lost ages seen as vice.

The elements converge and then react,
The caterpillars weave their cocoons themselves,
The world modifies its information box gathered
The moths develop, in flight to greet the moon.

The vault of heaven, destroyed and reorganized,
The universal essence, found in the change.

Prevention

I never thought you would put a stick in my ribs.
Much less that you would touch inner heart.

I never thought of being awake and dreaming of something real.

 I never thought I would stay away from what causes damage for a long time.

I never thought I would witness the walls that collapse and spread on my feet.

I never thought I would believe in myself again.

I take these fragile wings and embark on the journey.

I never believe that an enemy replaces something dear.

I move away from every smile that ends nearby, which is not sincere, to retain what remains.
Sanity, like thoughts, I regain in silent.

Changes

The limits of my body are blurred.
The ends of my fingers mix and rub in a surrounding air pool.

The hairstyles of my hair sprout wildly like stems, looking for a flower bud as vines.

I'm expanding for a moment.
Collapsing the next.
Receding infinitely inward.
Drawing on my limbs.

I spray all my thoughts.
I stifle my breath.
I put words under the tongue.

Some days I must silence myself and lock myself in the echo chamber of my mind,
reabsorbing the reverberations of bitter thoughts that I have rejected.
While seeking peace so sharply out of me.

Hurry up

The cocoon of the routine leaves
This stagnant metamorphosis;
The fear of change, isolation.

The fight is to escape, even without energy to try.

Monotonous days, as if life taught me its contempt.
Leaving me hanging on this lonely branch.
I fall into the monotonous avalanche of routine.

Then someone finds the branch, carefully peeling it up in a glass jar.

We have the need to escape, the need to taste, the delicious grapes of freedom.
Hurry up, let's go out for more.

The cocoon

Looking for its brightness; a lost and lonely caterpillar.
Found you.
You helped her.
Giving her time, to start climbing.
You sheltered her, you transformed her.
What gave her the power to go through the storm.
Blooming.
Away from fears.
Away from doubts.
Now she has wings.
It's time to cut ropes without looking back.
It's time to unpack to finally find her way.
The sky will no longer be full of grays.
She is no longer afraid of the moon.
That butterfly disguised as a woman no longer needs her cocoon.

Depths

The end is near.

Terror invades.

Do not let the gloom extinguish the flame, of the dream that burns within you.

The darkness will want to seduce you.

Do not fall into temptation or 'maybe, but learn the lesson that entails.

And when you're finally illuminated by the sun, at your brightest point, blackness will hit you again.

The vertex will be even higher.

Even if your energy is wasted, promise me you'll move on.

Just when the crest that has reached slips and falls, hung on a nail; looking at your destiny, free yourself and throw yourself against the wind even though it is harder now.

Do not resist taking flight to the sail; the elevation of your spirit.

The eye is at the zenith, next to the snake, will bite.

Let passion be your tonic.

Burn the skin you are about to shed through your veins.

The metamorphosis that has changed the elixir poison.

You will sink into a deep trench.

Throw your string into the light.

Even if you don't have any strength left, keep walking.

Maybe you run out of breath.
But you are on top.

Now, a phosphorescent light envelops you.
Everything around you seems to turn it into gold.

Throw the rope to those who are still climbing.
And that have climbed the mountain towards self-knowledge.
The scars have increased a lot, believe me I know.
Fear has been an illusion here.
Love has conquered.

Never lose hope I implore.
The night is at its cruelest point to see the sun.
To see you.
The pinnacle is magic.
You are the pinnacle.
You are the magic

You have it all

That smile you wear looks good, they tell me.

Sure you are in love, it must be that that's for sure.

Who is it? What is his/her name?

But why? Why do I have to be in a romantic communion with someone to be able to smile?

If I have a smile it is because this morning I could hear the birds singing.

If I have a smile it is because today I still had soap to wash clothes.

If I have a smile it is because there was still sugar for coffee.

If I have a smile it is because I could give my mother a hug.

If I have a smile, it may not always be for someone.

But I know you don't need someone to have it.

At the end of the day I have myself and I am in the eternal now with all living and non-living beings.

And now that I think about it I am in love. With life. With me.

There are those who will tell you that you cannot go wrong.

But you don't listen to them.

You are human and you have the right not to be perfect.

Every second of every day you are in a constant metamorphosis.

Falling and making mistakes is fine but don't give up.

When you feel that you are descending, do not corner yourself in the cage of your mind.

Take that momentum to push you 10 steps forward.

There is nothing more fearful than someone brave willing to fight with claws or knees to pursue their dreams.

Not everyone has it easy so I ask you to work every day until you get what you want.

That honest good does not come easy and easy does not last long.

Because everything that comes in a moment has to go or is lost in the course.

So go on, that in the end everything will be worth it.

-And for your dreams what are you able to do?

We are lost

We are lost in the repetition of words.
We think too much and feel very little.
Living in a world of illusions.
Losing touch with reality.

Thinking is not bad, but diving into a sea from which you cannot swim back up, is worth it?
We get so lost that we lose touch even with ourselves.
Of our feelings.
Thinking is good; like everything, if we don't exceed.

What is the reality?
Reality cannot be explained with words.
We must live in order to continue. Feel, laugh, love, cry.
It is time to wake up.

When they walk away from you

Stop punishing yourself when someone walks away. Stop wondering if they love you or not and start asking if you love yourself. You are worth too much. If you let yourself feel you will start living life in its breadth. Don't ever be excited again in an unrequited love for lack of love of yourself. Stop looking at yourself in the mirror and looking at yourself as an enemy. Go if you are intelligent, as an ally you will have yourself.

I think it's time you forgive yourself as much as you forgive others. You deserve another chance to make things better. You deserve all that love you give everyone. Stop hurting yourself so much and love yourself a little more. I know you're going to stand up and stop hurting. Maybe not tomorrow but someday, fuck.

When you finally dare, you will cross the door overcoming everything even your worst enemy. You will continue with the same skin but not be the same. It will all end. The pain will go away. Forgive yourself to be at peace with everyone and with yourself.

What you deserve

I want you to start contributing to the world you want to live in.

Stop being a mind that depends on the approval and opinion of others.

That you endure the storm, disasters and that if you make a mistake know that it's ok.

Accept and correct.

Do not run away from the encounter.

Open the wings and immerse yourself in hell.

I know you will finally have vision while in the dark.

Since in the mental abyss, you will finally want to rise to heaven.

Where you will see what few have seen.

Be consistent and brave, to the life you deserve.

They detect a disease; wanting to live in freedom

If it is the only option.
Disappear without being banned.
Go away to save your calm.
That soul when it's lost is an arduous task; to find again.

Die.
Die a thousand times if necessary, so you can live.

It is your will which is responsible for attachment or liberation.

Why do you create?

Create when you are alive and not only existing.

Create to fly high.

Remember, you are <Courage>.

That those who fear love are because they have never been hurt or immersed in that inexplicable feeling.

You are ready for combat.

I tell you to create.

Because when you create, you proclaim freedom.

Mind of revolution.

You are alive while you create.

You spread life with every time you touch something with your hands.

You are alive and we all need you here.

We are lost symphonies

When I get lost in you, the abyss of faces becomes grim.

You give me adrenaline in the friction.

Your lascivious soul and with your messy laughter; here you have me without order or control.

Here you have me as you want or unintentionally.

The heart does not know how to love.

Or maybe, we never learned it well.

Empty heads float.

I want to go home

I want to go back home.

I want to go back to where the dilemma is which seed to plant but know how to pour water.

In these times some are still there, so sleepers.

Still here, so dependent on love.

Dirty and effortless effort in people.

Where has the complicity been?

Giving flowers made of plastic because that way we can promise that love does not disappear.

Looking at others like a broken glass with masking tape, trying to continue.

Now our beds seem to have more passengers every day than the airlines and hotels.

All looking for and ending empty.

There are days when I can't find the way and I just have to inject my memories with alcohol.

While I smoke wanting to go back home.

While I exhale and every desire to be that little girl who, not knowing so much, was freer; vanishes.

What I learned

You have made me a believer in myths, because in your blood you carry the secrets of colored lights.

You have made me want to live without instructions.
With beginning but no end.

You make me lose my sanity in the sea of uncertain opportunities.

You make me unlearn everything I thought I knew.
To reread everything again,
To read to you.

Until regaining confidence

I distrust, because sometimes, even we cannot fulfill a promise.

I distrust, because perhaps, the only thing that can save us from destruction, is ourselves.

It's time to stop being slaves to our own demons.

It is time to stop projecting insecurities in other beings.

Let's open our eyes to the abyss.

Let's dive deep in dreams.

Let's resolve ourselves.

Find yourself;

It is in the rejection of society.

In the skill that emptiness produces.

In the passion

In the power to create reality and fiction.

In the reason.

In the heart.

In the music.

In the eyes.

In you.

You are the web and the spider,
The ship and the light,
The drop and the ocean,
The magic and the magician,
The finite and the infinite,
You are nothing and you are everything.

-Awaken your true identity

What's going on?

There are days that I do not understand the human being.
It is not aware.
Does not match.
It is simple, and conformist and surrounded by fiction.
Reality is a lot to digest, you know.

It suffers, salvation is not allowed in this mortal game.
It fears, avoiding the palpation of the heart, and flees from it's nature.

What is the use of waking up, if you will walk around, with a sleeping mind?
What good is waiting to <be ready> in love, if in another life we may not be close to that person who today gives us his best?

What if the train does not return?

What if the last empty seat was filled by someone who did seize the opportunity?

What if getting off at the station was waiting for the destination you wanted so much?

The one that you thought you had your name, but that out of fear and doubts, you didn't go up; letting go.

The heroes that nobody sees

We could fail wanting or not wanting.

We could destroy ourselves even when we are old or from scratch when we have just built.

We can no longer get away from what, despite not being perfect, does us good.

Reaffirming that heroes in which no one believes, exist.

May the wings paint them with art, music and love.

They inspire you in every breath to be better.

That I had the joy of meeting heroes, one of them; you.

Beautiful flower

It seems that one always attracts what is not good for them. As if we were looking for our own death. As if we voluntarily put the gun in our hands. As if we voluntarily said "Hey look at me. Me, me, me. Choose me." As if we decided to leave without saying goodbye. Farewells are difficult, but more difficult when you can't explain them. When there is no reason for one. And yet it disappeared. A scratched disk. The same lullaby. Or is it a shout to make the earth shake? So you can finally listen. Listen to the screams and warnings that have been shouted. Because we do not want to be another that does not return to their loved ones. Another that fails to fulfill the dreams there, waiting to be served. But you took. Leaving us hungry. Hungry to live. I fear that sometimes our deaths will be in vain. We cannot let them be in vain. I let words flourish through me, for you, so you can feel this thunder. Because I am the voice of my sister, my mother, my grandmother, my neighbors and my great-great-grandmothers. I am the voice of Mother Nature. I am the voice, and I will make sure that you not only hear it, but listen to it. Because we have lost too many nurses, teachers, dancers, friends, sisters, mothers. We cannot lose one more because it is better that you trust that if one more falls, we will ensure that everything you have built not only falls, but disappears in the same way that you make us disappear, as if we had never existed. But hey, I'm still here. We are still here prepared for this ongoing war that seems endless. We are still here and we will continue making chaos until one day you finally value the beauty that we can offer without feeling that our existence diminishes yours. We are still here and we will continue screaming, burning and destroying until they finally stop choosing for us when it is your right. Live. To love. I apologize for all the times I wasn't there for one of my ladies, but knowing that I always keep them in mind. Waiting for them to arrive home safely. Waiting for them to work without being followed. Hoping they use whatever they want without being afraid of the consequences that clothing can bring. Hoping that the anxiety of a text message from you that you are in danger or missing does not appear. I apologize if I have not yelled enough, but I am trying and I will make sure that your voice does not disappear. Because even if they cut our tongues, they forgot that we are connected, even if they cut a tree, the roots are still there. Deep in the grounds. They may think that they are burying us deeper for us, not even a trace leave. However, they are only helping us to be more entrenched, and we are earth, fire, air and water. The complete elements. The whole damn universe of God. And nobody gave them the power to be superior. No one gave them the power to own our bodies. Not one more, not one more, not one more! We are the lionesses. This is our roar.

-Women, sisters, goddesses, this is our time, our time to heal and empower each other. Leading towards a more feminine energy where those who do not feel that we are a threat are welcome.

To get up in a unison way. No more separation, no more deaths; since in the heart we know that we are one.

Your wishes must be respected

Consent is ALWAYS attractive.

People should always ask.

If one of you feels uncomfortable at any point, you have the right to stop, no matter where, no matter when, and no matter with whom.

You have the right not to feel like it.

You have the right to put barriers.

Everything is to be able to have that connection and maintain that sacred space where you feel safe.

You are a divine being.

Free to express yourself.

Any feelings or thoughts not expressed can lead to blockages of energy in your body.

If someone did something to you that you didn't like, tell them.

Because when you don't keep quiet you give hope to others who have stayed in silence so they can raise their voices.

Because when you break the silence we can detect these people so that there is no other victim.

Together we rise.

Together we continue in this constant struggle in hopes of one day, be ourselves again.

To love again

Love is a state of BEING.

Love resides within us.

So nobody can take it away.

Do not try to recover the pieces because you have the power to rebuild yourself again.

Grow love again from your center.

Only then can you share it with the universe as a whole.

You and I

I would like to be the one to celebrate your success.
I would like to be the one who feels with you when you fail.
Live without fear, hurting ourselves without intention.
Healing each other.
You in my skin.
Me in your skin.

I want to burn with you and become dust.
Becoming nothing, and everything.
I want to enhance chaos, fade and welcome you to the world again.

Here; My heart

I put my heart in other's hands as if I had no fear of what they are capable of doing with it.
Can you imagine?
Giving your heart away?
Knowing it will get tossed and turned or maybe broken?
Can you imagine in how many pieces it will shatter?
Can you imagine how many beats it would start lacking if you just let others do with it what they pleased?

A lot of us put our hearts in cages with intention of it not to suffer any pain.
Even I have done it from time to time.

Yet there are times where I have my chest wide open and will willingly pull my heart out to try to split it apart.
Giving myself away piece by piece.

And if you ask me why I do that, I'll tell you that I rather feel every anger and heartache over dishonest love and coated happiness.

I want every emotion, the whole package because even between the cracks can bloom the most beautiful of weeds and flowers.

Give me a pot of gold and I won't take it.
For I know that nothing comes easy and what comes easy can easily slip from our reach.
Things come and go and attachments cause hurt.

I let myself flow and let myself be carried in others hands with the intention that if they feel even a tiny percent of what I've felt then maybe, maybe they'll forgive and feel the weight of the world in each beat.

Maybe they'll stop fearing because to feel is to be human.

No amount of protection can guard you from pain.
So I rather feel than to be numb.

I would rather break than be free from harm.
It is only then that I know I truly lived.

For Earth

I sought healing.
I tried everything and yet nothing seemed to work.
All the weight he had been carrying began to be unbearable.
I started a trip.
Just to find out that the most important thing is not to be at the finish line, is to value all the little details that took me there.
Starting with me
Realizing all the strength, courage and determination.

I underestimated myself and let myself be carried away by the ideology that the majority of society creates.
I lost my authenticity.
I lost the connection with my roots.
If the entire universe is within me and I am one with the earth,
Why do I feel so lost?
Why do I feel so broken?

Nature calls me.
Its essence hypnotizes me.
I want sunlight to penetrate my pores.
To turn on the light in me.
The light that went out.
I want to rehydrate with its fluids to heal with the medicine it contains.
I want him to calm me with his silence so he can think clearly.
I want to feed on its fruits to move forward despite the tasty and bitter life.
I want him to open paths when I feel lost.

When I feel alone it shows me every reflection of me.

Just to realize that I will always have myself.
That the fire is in me and in my passions.
I am art.
That I can speak life to anything.
I can receive medicine to heal.

So I disconnect from reality to connect with her.
I comfort myself in its beauty.
In its sweet feminine scent.
In the delicacy of his singing.

Every night whispers messages hidden in the wind.
And until recently I have understood them.
That I don't have to look for a house when I have a whole world inside and around me.

It shows me its authenticity.
Also its darkness
I observe the disaster we have created of her and I get angry.
Well, I've been part of this too.
I find resonance in their disaster and observe what I have become.

In this present moment we will synchronize to be only one.
And heal through the richness of letting go.
To flow with the changes.

All that is, is me.
I will take care of her.
I'll take care of their land, you should join too.

The roles have changed

Remember?
When before we were less empty; full of childhood.
Before when we were colorful and perishable.
When we threw ourselves in despair.
Before making so many mistakes.

Today the roles have changed and in the change, we.
We miss that home where walking disheveled was not sad.
Today we try to heal and be at peace with that we have become
Today we want to dehumanize ourselves forever to become infinite.
To never be afraid again.

The dilemma

We love in vain, we are mouthfuls to the desperate soul.
Art makes us fly while dogmas kill us.
It's time to bust, taking out what makes no sense.
Let's sprout flowers when screaming.
Because we have so much life that lives inside.
We must act, because the truth is that I can't explain myself.
What is the point of shooting in order to feel?
What is the point of seeing someone else suffer?
If the only war we are with, is the peace that never existed?
If the only war is the one inside us?

Suddenly

One day you start to weave in my memory, becoming unique among my memories.

You arrive and seize with your spirit of ineffable traveler.

I was lost until you found me, or with the promise to discover myself through you.

I remember how your eyes were dyed hypnotic and how they achieved the savagery of freedom.

We both had the desire to fly and make revolution with our love.

This mutual complicity.

You glowed as much as the moon.

You shone with hope.

And I, was there watching you with tremendous admiration.

In you I found the home of happiness.

Imperfect infinite soul.

Dressed in humility.

True to your security.

We agree at that time.

Debating time.

The realization of der one.

The realization that you saved me.

I saved myself.

Keep rowing, I'll be fine

When we fall in love we do crazy things.
Or less when we think we fall in love.
We are in an era where it is very difficult to have privacy.
Some fall into the trap and today it is so difficult to keep a secret.
If you are looking for something, it is almost always there, only that sometimes we are too blind to see what happens.
And finally I understood.
That by far we are better.
That the distance between us helps me not to look for you.
It hurts, every throbbing I feel like a thousand arrows fit in my back.
I love you, but I know that the more I do the less you love me.
The more I take care of this mutual feeling that once arose, the harder it is to keep it.
The truth is that I did nothing wrong, neither did you.
It was just a moment in time.
The biggest mistake we can make is to hold on.
I know they say you have to hold on to what you want.
But sometimes we have to let go and get carried away by the tide until we end up lost and without anything.
Maybe in the future the compass will take us through the same waters.
To dive into the sea as we once did.
But I will not try to stop you from taking your trip.
I know that your life will be a tsunami of emotions, adventures and destinies.
I know I'll be fine alone.
Because as we need the company we also need loneliness.
The only sad thing is that you left and I could not say goodbye.
But wherever you are, I hope you are living the life you deserve.

What don't you see?

Don't you want to know the absolute truth of love, go out in the street wildly getting hearts in your hands while caressing them delicately with the tips of your fingers, listen to the cries of help from others, wrap them then give them a lamp to accompany them in their darkness?

Don't you want to know the truth in this world so ours, so yours and nobody's?

In your name, I pray.

Today, a strange feeling was born.
I realize that in every thought I want you to manifest in my path.
Because the truth is, thanks to you I started to believe in life again.
Every breath, every moment and every hour, I live from your essence.

I ask that you touch me, even if it is only a touch.
That you do it with that magic that only you have.
Because if you made me feel everything when I didn't feel anything before.
I know you can do it again and again.

Fill me with healing with the power that is born from your spirit.
I want to feel again that you amend even the most broken inside me.
Rebuild me, because you have no idea how much I want to feel like living.

Help me find the way to abandon everything bad around me.
Regenerate my body to work again to its fullest potential.
Feeling everything the way it was created to feel.
Please help me heal even for a little while, because I'm not ready to let go yet but I need you to help me because I can't find the way.
Help me to serve others.
To love and teach others the way you have taught it to me.
Because you arrived when I didn't intend to look for you and today that I can't find the exit, I ask to find you once again.
I ask to find you because I feel so lost.
Because I sink into agony.
Sad and empty...
I ask to find you and I ask to find myself rather.

What are we here for?

We are here to understand ourselves.
We are not here to be understood.
Learn to evolve without asking for forgiveness.
Change is an important growth symptom.
Nourish your natural process about achieving outside expectations.
You shed your skin so delicate and poetically...
Continue undressing your soul.

What is love?

Love is freedom

Love is losing you so deep in the wild imagination of your inner child.

May your dream become the world in which you now live.

Love is to taste the air and orange colors in a sunset.

Love is the warmth in your chest when you experience an extremely divine moment that is so good to be true.

Love is when someone watches you and does not turn around even though you have noticed.

Love is disorder.

Love is to be vulnerable.

Love is being human.

Love is the rivers that fall from your eyes when you are so exhausted to keep everything inside.

Melting the walls until all you can are the pieces of the rhythm of a broken heart into a million pieces.

But that despite everything still beating. Producing music.

Love is your inner being knowing that everything will really be fine.

Although most of the time it feels like it won't be.

Love is being held in the arms of your soul.

That feeling of loneliness that doesn't feel like being alone.

Because you can see yourself in everything around you.

Love is the overflowing void.

Love is all that it is.

Love.

You are love.

I am love

We are one.

Forever.

What you can be

We give away our time and our body.

Thinking that we want sex, when in reality sometimes all we want is intimacy.

Someone to look at us

To admire us.

Someone who smiles at us.

That laugh with us and not at us.

That touch not only our body but our heart.

We want someone to feel safe with.

And the truth is that I don't feel that we should continue to share ourselves in order to feel something.

Because maybe this moment is all we have.

And yet, if we think about it, this moment is also about to die.

Life and death entwined in this instant.

Let the past be just that and immerse ourselves in this wave of uncertain possibilities.

Soaking up the different possibilities that are about to emerge in infinity without time.

Infinite

We are art of the infinite.
We are not our body.
So where are we on our ship?

We are all part of the waves in this ocean of life.
We are all one.

What makes you be you and me be me?

Is your identity your true source of knowing who you are?
What is the identity?

We are constantly thinking different, believing different.
Our identity for now, does it stay the same?

Love in freedom

When you find someone who loves freedom, you feel such a great fullness.

That person who opens a space for you to express yourself in the nude, with total honesty.

That person who embraces your vulnerability and who does not want to modify any part of you.

That person who totally enjoys your company even though he knows that the present is now; this moment and that does not pretend to keep you for the future if your choice is to leave.

-It's so beautiful to give up while watching the pieces of your life return to peace through spontaneous synchronizations and blind faith that pushes you into the wild of the unknown.

What happens?

Sometimes life gets complicated before it gets better.

As human beings in this world so beautifully chaotic, our existence is woven by threads of delicate permanence.

Change is the only constant.

We are trapped in the permanent state of what we can be.

Breathing creation through our lungs.

What does make sense in this eternal matrix of metamorphosis is that darkness is essential for our evolution.

Our soul is hungry for experiences that shake its growth and sometimes the truths and moments of discomfort.

Learn to fall in love with the uncertain, and I assure you that you will go on a trip like no other.

Let your fears excite rather than isolate you.

You have to do things for the reward of your future self.

Not for the instant gratification of your ego.

You choose

In ignorance we stay silent.
In wisdom we learn to listen.
In the noise we silence.

When we do not understand something, we must ask.
If there are still doubts, we must ask again.

When acceptance fails, it will be necessary to explain with bases and fundamentals.
We must not ridicule ourselves.

Those who mock others only show their self-indifference, their complexes, their self-ignorance and their absolute darkness.

We have to remember what era we are in.
We have two options: ascend or descend.

How to manifest?

Let go of everything you think you know.

The moment we engage in a belief even if it is positive, we begin to limit ourselves.

We must let go and be open to everything we do not know, to the uncertain.

We are beings with infinite potential and possibilities without limitations, in constant expansion.

We have to live!

The only way out is to enter

The only way to escape is to enter.

Through the unconditional acceptance of what it is to surrender.

Feeling all your fears but having the strength to speak even if the voice shakes you.

The darkness will only vanish when we invoke the courage to welcome us and thank us for all that it has taught us and then let go.

Freedom is our right.

Let us stop sabotaging ourselves and listening to those who only long for freedom.

Let's rise.

Let's trust.

-Love simply and simply to love.
Because we all have your own disaster.
You will sink.
You will sink if you expect more than you can get.

Really worth it?

Do not let everything negative around you externally create your current emotional state.

Any negative emotion is just the distance between where you are and where your highest being has already expanded.

Everything will be fine, really.

Simple. Melt in the perfection of this moment.
Untangle the stories that leave your soul hungry.
Gradually release the illusion of control,
Let it slide down your fingers while you make the change.
Let your mind taste the nectar of divinity.
Walking in the depths of your lungs.
Inhale love
Exhale Fear.
You are safe here.
Rest in the shelter of your breathing.
Learn to be cute while you transform.
Live gently and walk lightly.
Waves of angelic frequencies unfold from our mother Earth in a cosmic handkerchief of divine protection,
When you listen to those who speak without speaking.
You know that love has already triumphed.
So decide to remain anchored in the beauty that the earth under you welcomes you effortlessly.
The stars, the trees, the ocean, everything; Charge infinite wisdom beyond this small world.
Look across the surface.
Let the cloths fall off.
We are eternal by nature.
Deeply entwined by divinity.
Always free.
Let surrender become our sanctuary.

Silence

In silence and immobility I can prove the freedom that endures in liberation.

I dance and cry and laugh at the mystery of this human existence.

I hold my wounded past with understanding.

Forgiveness flows through me like summer rain and scary stories.

I untie my wings while I get up.

I raise others.

As my light grows stronger, the Earth is illuminated.

Silence is my salvation.

Silence is my medicine.

My cure

Constantly bringing me back home.

No matter how far I get away from the depths of my mind and my soul.

Always reminding me who I am.

Live for today

Stories are supposed to start with the introduction.

In a place where we aren't so broken.

Where we don't feel live we've been left unspoken.

Yet with time most of the time the start of something is when another seems like its ending.

We start with the problem.

Yet sometimes the problem is but an opportunity to reconnect with ourselves to the root.

To let our intuition guide us through, back home; for us to heal.

Because when we heal, even though it's no walk in the park, we cut the cycle.

Healing our ancestors, our family and generations.

When my light keeps shining, I illuminate others paths and as a collective we keep rising.

Divinely woven, because even if you don't know someone or what they truly went through; we are all characters in this book of life.

If you gave yourself the time to read everyone's chapter, then maybe, maybe we would think twice before we judged and put heavy burdens on each other's chest.

But no, instead of collectively being one, we choose to do each other harm.

Losing ourselves.

Losing our way.

Trying to run away.

Run away.

Run away.

We have forgotten that the only way out is in.

That to be able to swim back up, first we have to dive deep into the ocean of uncertainties.

We have to forget ourselves to be able to remember who we are.

That which we use to be and remember who we might become.

And through art we have the ability to mold and let life unfold through similes and metaphors.

Today we should let go of our identities created in this book, because even if they say the story is already written; we have the pen to re write it how we want it.

Today, I reintroduce myself.

I am free.

No longer falling into the abyss, and even though not everything will be bliss...

Today is just but the ending of a chapter and the beginning of the rest of my life.

Finding you (me)

We are the children of the stars.

Always traveling away from who we are.

We are, divinity seeking refuge in the beauty of our own existence at least for a little moment.

We have to let any trace of fear vanish to the immobility woven through an empty mind.

Let love guide you, nourish you, protect you.

Only then can we remember that we are eternally free.

Free from any illusion that seeks to starve our soul.

Free from any illusion that seeks to interrupt our peace.

We are love

Love in its purest form.

Because we will get lost a thousand times.

Always trying to find ourselves in others, something or even in ourselves.

Do what you have to do until you find him/her.

Until you find you.

Or rather to remind you who you really are.

Until you remember that we are the flower of life forming in the infinite of nothingness that becomes everything.

Return home.

Return.

Remember.

Finally,

Finally I am free and most importantly, I'm me.

Important Resources:

- National Suicide 24/7 Prevention Hotline:
  Call 1-800-273-TALK (8255)

- National Domestic Violence Hotline:
  Call 800-799SAFE (7233)

- National Alliance on Mental Health Crisis Text Line:
  Text "NAMI" to 741-741

- Self-Harm Hotline:
  Call 1-800-DON'T CUT (366-8288)

- National Rape and Sexual Assault Hotline:
  Call 800-656-HOPE (4673)

- National Addiction Hotline:
  Call 1-866-633-3239

- National Eating Disorder Alliance Helpline:
  Call 800-931-2237

Recursos Importantes:

- Linea de la Vida
  01 800 911 2000

- The Hotline Contra Violencia Domestica
  1-800-799-SAFE (7233)

Lightning Source UK Ltd.
Milton Keynes UK
UKHW012235100220
358505UK00002B/64/J